*Georg Andreas Will*

# Nürnbergisches Schönbart-Buch und Gesellen-Stechen

EHV
HISTORY

Georg Andreas Will

**Nürnbergisches Schönbart-Buch und Gesellen-Stechen**

*ISBN/EAN: 9783955641177*

*Auflage: 1*

*Erscheinungsjahr: 2013*

*Erscheinungsort: Bremen, Deutschland*

# Nürnbergisches
# Schönbart = Buch

## und

# Gesellen = Stechen.

### Aus einem

# alten Manuscript

### zum Druck befördert
### und mit

# benöthigten Kupfern

### versehen.

IM IAHR ALS DER SCHÖNBART
VVEITER SICH NIT OFFENBART.

# Vorbericht.

iebhabern derer Teutschen und Nürnbergischen Alterthümer wird durch die öffentliche Bekandtmachung im Druck dieses Nürnbergischen Schönbart-Buchs, und beygefügter Beschreibung von dem Gesellen-Stechen zu Nürnberg, verhoffentlich eine Gefälligkeit geschehen; zu dem Ende man, was das Schönbartlaufen betrift, nicht nur etliche alte geschriebene Exemplarien miteinander sorgfältig verglichen, die allzu undeutliche Schreibart größtentheils nach jetzigen Gebrauch eingerichtet, und die merklichen Abweichungen in denen Anmerkungen kürzlich beygebracht, sondern auch, statt einer Einleitung, oder weitläufigen Vorberichts, des um die Historie seiner Vatterstadt bestverdienten Kaiserl. Hof- und Pfalzgrafens, auch Profes-

soris

## Vorbericht.

soris zu Altdorf, Herrn Georg Andreas Will, kleine Geschichte des Nürnbergischen Schönbart-Laufens [1] mit einrucken, wegen des gehaltenen Gesellen-Stechens, oder der sogenannten Thurnier aber, sich auf Georg Rixners und Hieronymus Rodlers Thurnier-Bücher, [2] nicht minder auf des Nürnbergischen Syndici und Rath-Schreibers Johann Müllers Discurs: [3] Ob Georg Rixners, gewesenen Bayerischen Herolds, Thurnier-Buch pro Scripto Authentico zu halten, und wie weit demselben Glauben zuzustellen seye? des mehrern beziehen, und dem geneigten Leser, zur deutlichen Vorstellung, eine accurate Abbildung der sämtlichen Haupt-Schönbarte, benebst deren Wappen, auf beygehenden Kupfer-Tafeln durch einen geschickten Künstler entwerfen lassen wollen.

Ge=

[1] Ist als ein Glückwünschungs-Schreiben an die Herren Ge. Christ. Wilh. Esenbeck, und Andr. Mart. Amthor, 1761. zu Altdorf in 4, auf 2. Bogen im Druck erschienen.

[2] Gedruckt zu Simmern 1530. und 1532. in Fol., und zu Frankfurth am Mayn 1566, und 1576. in Fol. nachgedruckt.

[3] Welcher in Nürnberg hier und da im MST. vorzufinden, und vielleicht zu seiner Zeit durch den Druck bekandter gemacht werden dörfte, ob er schon in Herrn Johann Georg Cramers Comm. de juribus et praerogativis Nobilitatis avitae Tom. I. Lips. 1739. in 4. pag. 467-508. sich eingedruckt befindet.

# Geschichte

des

# Nürnbergischen
# Schönbart = Laufens.

Ich habe schon lange Lust gehabt, die kleine Geschichte des Nürnbergischen Schönbart = Laufens zu beschreiben: und ich bin in meinem Vorsatze gestärket worden, als neuerlich unsere Gesellschaft von ihres Herrn Präsidenten Hochgebohrnen unter andern mit einem sogenannten Schönbart = Buche beschenket wurde. Ich kehre mich nicht an das Urtheil derjenigen, die die ganze Sache zu wenig bedeutend ansehen, als daß man eine eigne Geschichte von ihr verfassen sollte: mir genüget es, wann nur Sie H. H. glauben, daß ich ihre Neugierde mit einem nicht ganz unwürdigen Gegenstande unterhalte. Etwann ist aber auch verschiedenes in meiner Geschichte, wenigstens bey dem Ursprung und dem Ende der Sache, von der ich rede, wichtig genug; vornemlich für die Liebhaber der Teutschen und

Nürn-

Nürnbergischen Alterthümer, denen ich in und ausser unserer Gesellschaft, schon öfter dergleichen Materien, nicht ganz ohne Beyfall,
vorgeleget habe. Erlauben Sie also H. H. daß ich ohne weitere Vorrede mich zu meiner Geschichte wende: ich fürchte ohnedem, es möchte
mein heutiger Vortrag eher zu weitläufig als zu kurz gerathen.

Schönbart ist ein altes Wort, welches das auf gut teutsch aus-
drückte, was wir noch immer mit den fremden Worten, Maske und
Larve sagen wollen: und zwar bedeutet es eigentlich eine Gesichts-Larve, manchmal aber auch so viel, als eine Kleidermaske, oder einen ganzen vermummten Anzug. Ich weiß nicht, ob dieses Wort auch ausser
Franken und Schwaben bekandt sey: in Ober-Sachsen will man
es wenigstens nicht kennen; in unserer Vatter-Stadt aber ist es
noch bis diese Stunde unter der verdorbenen Aussprache Schembart
gang und gebe.

Jedoch ich bin nicht einmal gewiß, ob die mir verdorben schei-
nende Aussprache nicht die rechte seye und uns auf die wahre Her-
leitung des Wortes führe. Aus meiner Schreib-Art ist leicht zu
erachten, daß ich es als ein von schön (pulcher) und Bart (barba)
zusammengesetztes Wort ansehe: und in Absicht auf die erste Sylbe
habe ich auch den Herausgeber der historischen Nachricht von
Nürnberg, den Joh. ab Indagine und den Herrn von Wölkern
auf meiner Seite, als die nur in der zweyten Sylbe von mir abgehen
und Schönpart schreiben, da es denn so viel heissen sollte, als eine
schöne Parthey, ein Haufe schöner, oder wie unsere Alten sagten,
verschönerter, d. i. vermummter Leute. Doch könnte auch nach der
alten Nachläßigkeit im Schreiben bloß p und b verwechselt worden
seyn. Herr Wagenseil, in der Beschreibung von Nürnberg, nimmt
auch die Schreibart Schenbart an, und stimmet mit mir gänzlich überein, nur daß er die erste Sylbe nach der alten Weise mit einem schlechten
e schreibet. Aber Georg Henisch in seinem *thesauro linguae et sapientiae
germaniae*, oder dem nun so selten gewordenen teutschen Wörterbuche,
lieset Schembart, und mag also dieses Wort von schämen, schemen,
(wie man ehemals schrieb) abführen: nach welcher Meynung es wol so
viel bedeuten müßte, als eine schandbare, schimpfliche Gesichts-Larve.
Dieser Einfall könnte dadurch bestärket werden, daß eben das, was man
noch

noch in Nürnberg Schembert nennet, eine ungestalte, schäusliche Larve bedeutet, dergleichen man zum Erschröcken der Kinder gebrauchet. Ich bleibe bey meiner Schreib-Art: theils, weil man, wie ich schon anführte, ehemals sagte, verschönen, verschönern, d. i. vermummen; welches Wort häufig in den Schönbart-Büchern vorkommt, theils, weil ich das Wort Schönbart, obwolen in einer andern und erdichteten Bedeutung, in folgender Schrift antreffe: Barbati Schönbart lustiger Discurs von den Bärten. Hamburg, 1660. 4.

Das Schönbart-Laufen aber war eine besondere Art von öffentlichen Fastnachts-Lustbarkeiten, wobey man sich des Schönbarts bediente: Es dauerte dieselbige gegen zweyhundert Jahren in Nürnberg unter allerhand Abwechslungen fort, und ihr Ursprung ist sehr merkwürdig. In Nürnberg entstunde nemlich im Jahre 1349. eine erschröckliche Aufruhr, welche nicht nur den bisherigen Raths-Familien, sondern auch der ganzen Stadt den Untergang drohete. Unter der Aufsicht unsers berühmten und unsterblichen Schwarzens ist von einem Herrn Johann Wilhelm Ebner von Eschenbach u. a. m. im Jahr 1740. allhier die Geschichte dieser Aufruhr in einer Rede abgehandelt worden, welche schon lange des Drucks würdig gewesen wäre. Diese Begebenheit nun war nicht nur der Grund und die Bevestigung der aristokratischen Regiments-Verfassung in Nürnberg, die noch heute, und hoffentlich ewig, dauert; sondern auch der Ursprung des Schönbart-Laufens. Die alten Verse, welche Eingangsweise in allen sogenannten Schönbart-Büchern anzutreffen, sollen die ganze Sache deutlich erzählen. Ich will die Ehre haben, sie vorzulegen, in der sichern Hoffnung, daß sich niemand an ihnen ärgern, oder ein Muster nehmen werde.

Als man zählt dreyzehn hundert Jahr rc. [1]

So ist also das Schönbart-Laufen eine besondere kaiserliche Begnadigung und ausserordentliche Freyheit, die einer ganzen Handwerks-

---

[1] Hier folgen die Reimen, welche in nachstehender Vorrede sich befinden.

werks-Zunft zur Belohnung ihrer Treue ertheilet, von ihr selbst aber
und der ganzen Stadt Nürnberg damals so hoch geschätzet wurde, als
man irgend heut zu Tage andere Freyheiten und Ehren kan achten.
Man muß die Sache etwann als eine Art ritterlicher Uebungen an-
gesehen haben: oder die Gemeine achtete diese Freyheit deswegen um
so viel mehr, weil König Carl nicht allein solche allen Handwerkern
verbotten, sondern auch alle von Kaiser Ludwig zuvor erlaubte Freyheiten und Kurzweile abgeschaffet hat.  Man lieset auch in den ge-
schriebenen Nachrichten, daß die Mezger mit weit bessern Freyheiten
hätten begabet werden können, wenn sie solche verlanget hätten : damit ihnen aber nicht beygemessen würde, als hätten sie in anderer Leute Schaden ihren Nutzen gesuchet ; so hätten sie diese Fastnachts-
Kurzweil verlanget, bey welcher gleichwol ihrer Treue für und für
könnte gedacht werden.

Ich lasse mir hierbey nicht einwenden, als ob unserer Vatter-
Stadt, oder einem hochlöbl. Magistrate, die beschriebene Aufruhr und
die Umstände der Entweichung der Raths-Personen zum Nachtheil
gereiche. So wenig es Königreichen eine Schande ist, wenn man der
Aufruhren in ihnen gedenket und selbige mit den kleinesten Umständen
in die Zeitungen und Geschicht-Bücher setzet; ja so wenig es einem der
größten lebenden Potentaten ein Nachtheil an der Ehre ist, wenn er
noch immer rebellische Köpfe bestraffen und unterdrücken muß : so wenig bringt es unserm Rathe eine Schande, daß er von bösen und mei-
neidigen Buben zwar vertrieben, aber auch von redlichen Bürgern ge-
treuen Beystand gefunden, und endlich mit der größten Ehre durch
eignes kaiserliches Ansehen des glorwürdigsten vierten Karls in seine
alte Würde und Macht wieder eingesezet worden ist.  Wer dieses
nicht zugestehen wollte, würde auch glauben müssen, als ob es der
Majestät besagten Kaisers gleichfalls schimpflich gewesen wäre, daß
sich die Wuth der gottlosen Rebellen wider ihn eben so, als wider den
Nürnbergischen Rath, aufgelehnet und bey andern Herren so gar
wider ihn Schutz gesuchet hat.

Ein anderer Einwurf, den man wider die Sittlichkeit des Schön-
Bart-Laufens machen könnte, ist freylich gegründeter. Es ist wol
richtig, daß alle Fastnachts-Lustbarkeiten, und insbesondere das Ver-
mum-

mummen und Umlaufen, heidnische Ueberbleibsel sind. Schon in
den alten Zeiten der Christlichen Kirche bemühte man sich den heidnischen Umlauf mit zerschnittenen Kleidern und Schuhen abzustellen:
Diese Bemühung war nicht gänzlich vergeblich, doch auch nicht gänzlich erwünscht. Die Macht der Zeiten und des Geschmackes ist zu
groß, als daß man davon abhangende Gewohnheiten, wenn sie auch
böse sind, schnell ändern und umgiessen könnte. Die Schaubühne
bekräftiget dieses. So lange der Geschmack des gemeinen Mannes
nicht gebessert ist, wird ein noch so starker und noch so gerechter Eifer
die groben Lustbarkeiten nicht verbannen können: wenn aber die Den-
kungs-Art und die Feinheit des Geschmackes nach und nach allgemei-
ner wird, so muß sich auch der grobe Narr auf dem Theater endlich
von selbst verkriechen. Eben so verhält sichs mit unsern Schön-
barts-Lustbarkeiten: sie gehören noch auf die Rechnung der
mittleren Zeiten. Gleichwol war unsere Obrigkeit vorsichtig genug, den Ausschweifungen und Ungelegenheiten, die beym Schönbart unterliefen, vorzubeugen. Man gab der Schönbarts-Gesellschaft Haupt-Leute von Rath aus; man ahndete und be-
strafete die Unordnungen; und man stellte endlich die ganze Lustbarkeit ab, nachdem man nemlich die Zeit erlebet hat, daß man
eher urtheilen konnte, wie viel Schaden der Staat von dem un-
tergelaufenen Muthwillen habe, und wie wenig sich die ganze
Sache mit den evangelischen Sitten reime. Wenn ich inzwischen die Sache auf der guten Seite betrachte, so bewundere ich
den im Sprichworte bekannten Nürnberger Witz, der aus den
vielen Veränderungen und immer neuen Erfindungen des Schönbarts, und aus der öfters gar wol angebrachten Satyre her-
vorleuchtet.

Doch ich eile, auf die genäuere Beschreibung der Lustbarkeiten zu kommen. Im Jahr 1350, oder, wie andere melden,
1351. welches ich auch für gegründeter halte, haben die Metzger
und Messerer zu Nürnberg das erstemal ihre vom Kaiser Karl
erlaubten Tänze gehalten. Die Messerer, welche nemlich in be-
sagter Aufruhr auch getreu bey dem Rathe verblieben sind, tanzten mit blossen Schwerdern; die Metzger aber stellten einen sogenannten Zämertanz an, und hielten einander bey ledernen Ringen,

B die

die wie Leberwürste anzusehen waren. Nach vollbrachtem Tanze
sind sie am Fast-Nachts-Tage, wie auch am Ascher-Mittwochen,
mit des Rathes Stadt-Pfeifern zu dem Stadt-Pfändern gegan-
gen, woselbst ihnen ein Trunk aufgetragen wurde, bey welchem sie
ihre vorher gesammleten Fastnachts-Fische und Gelder verzehrten.
Es hatten beyde Hand-Werker an diesen zweyen Tagen Macht und
Erlaubniß, Kleider von Sammet und Seiden zu tragen, darinnen
sie sich auch gewöhnlich sehen liessen, wenn sie zu solcher Zeit einen
Gesellen-Tanz anstellten. Anfänglich war die Gemeine noch etwas
schwierig, so daß sie die Metzger bey ihrem Tanz hart drängte: daher wurden sie bemüßiget, Leute aus ihrem Mittel zu erwählen, welche ihnen Platz machten. Allein diese schlugen manchmal die Zu-
schauer so stark auf die Köpfe, daß sie davon verletzet wurden. Damit nun nicht eine neue Unruhe daraus entstehen mögte, hat der
Rath befohlen, hinführo nicht Waffen und Gewehr, sondern nur
Quasten oder Büsche von Eichenlaub zu gebrauchen. Diesemnach
haben die Metzger erstlich 24. Mann bestellet, die sich in Zwillig kleiden, die Angesichte verdecken, hölzerne Knebel-Spisse und einen
Quasten in der Hand tragen mußten, um den Fleisch-Hauern zum
Tanzen Raum zu machen. Diese Kleidung und Anstalten kostete dem
Hand-Werke jährlich viel Geld, und fieng an, ihm beschwerlich zu
werden: zu gutem Glücke fanden sich etliche Bürger, die sich auf eigne Kosten kleideten, und den Metzgern bey ihrem Tanze Schutz hielten. Diese hatten im Gebrauch, sich unter der Vesten zu versamm-
len und zum Angedenken der glücklich gedämpften Aufruhr vor das
Rath-Haus, und von dannen zu der Metzger Tanz zu laufen. Und
hieraus ist nun die eigentliche Schönbarts-Gesellschaft gewor-
den, welcher der Rath, aller Unordnung vorzukommen, mittler Zeit
gewisse Haupt-Leute zugegeben, vornemlich weil die Zahl ange-
wachsen, und öfters über 100. Personen in einer Schönbarts-
Gesellschaft gewesen sind. Im Jahr 1449. wurde zum erstenmal
ein Hauptmann zugeordnet, und von dieser Zeit gehen auch eigentlich die Beschreibungen in den Schönbart-Büchern an, ob sie
sich wohl meistentheils in den Jahrzahlen verstossen, und von 1349.
an bis 1539. rechnen, da sie von 1449. bis 1539. zählen sollten, als
so lange der Schönbart in seinem Flore gewesen, und, so viel man aufgezeichnet findet, 64 oder 65 mal gelaufen ist. Denn vor 1449. war er
fast

faſt beſtändig auf einerley Art eingerichtet, und in dem ganzen erſten Jahrhunderte lief nichts beſonders merkwürdiges in der Geſellſchaft vor.

Ohngeachtet inzwiſchen nicht nur einer, ſondern nachgehends ordentlich zween, ja wohl auch mehrere Hauptmänner der Schönbart-
Geſellſchaft beſtellet wurden; ſo gieng es doch nicht allezeit ohne Unruhe ab, und einſtens entſtunde ſogar ein ordentlicher Krieg. Ehe ich
dieſe Begebenheit erzähle, muß ich erinnern, daß vom Jahre 1457.
an die damals ſo genannten ehrbarn Geſchlechter, oder die junge
Patrizier, den Schönbart meiſtens von den Metzgern erkaufet oder
beſtanden haben. Sie gaben 2 bis etlich 20 fl. für dieſen Beſtand;
und weil ſie reiche Leute waren, ſo kriegte die Schönbarts-Luſtbar-
keit erſt durch ſie ihr rechtes Anſehen. Im Jahre 1503. findet man
die Nahmen der 93. Perſonen benennet, die im Schönbart liefen,
worunter die beſten unſerer Familien, die Behaim, Ebner, Haller, Holzſchuber, Imhof, Paumgärtner, Peßler, Pfinzing, Tucher ꝛc. anzutreffen ſind. Bald darauf im Jahr 1507. entſtunde
der bemeldte kleine Krieg. Es war nemlich ein nun ſchon altes
Recht, daß niemand, auſſer diejenigen, welche von dem Rathe die
Erlaubniß bekommen, und von den Metzgern die Freyheit erkaufet
haben, an der Faſtnacht vermummet gehen durften. Da nun zu
derſelbigen Zeit viele junge Kaufleute und reiche Wallonen ſich in der
Stadt aufhielten; ſo unterſtunden ſich dieſe, aus eigner Macht
Schönbart zu laufen. Sie richteten eine herrliche Mahlzeit zu, und
kleideten einen von ihrer Geſellſchaft als einen Türkiſchen Kaiſer ſehr
prächtig an. Dieſer hatte ſeine eigne reitende Diener hinter ſich, denen 60 Türken, theils in Carmeſin-Seiden, theils in ganz güldenen
Stücken gekleidet, mit güldenen Säbeln, langen Spieſen und Fah-
nen folgten. Auch wurden hinten nach etliche Pferd geführet, die
koſtbare Truhen trugen, darinnen Ringe, Kleinodien von Gold,
Perlen und Edelgeſteinen, etliche tauſend Gulden werth, lagen.
Dieſe Geſellſchaft von etlich 100. Perſonen verſammlete ſich vor
der Stadt, und zog zum Spitalthor herein, über den Markt vor
das Rathhaus, woſelbſt der Rath eine ganze Stunde mit Fleiß ver-
harret hat, um ihren Aufzug zu beſchauen. Der Türkiſche Kaiſer
hielt mit ſeinen laufenden und reitenden Dienern vor dem Rathhau-

ſe,

se, woselbst in der Losungstube die Kleinodien auf langen mit Sammet und Seiden bedeckten Tafeln ausgeleget, von der Gesellschaft ihrem Sultane verehret, von diesem aber dem Rathe zugeschicket wurden.

Als es nun hiermit schier zu Ende kam, sandten die Schönbarts-Hauptleute, welche in Stephan Paumgärtners Behausung auf dem Markte eingelaufen waren, einen Söldner zu ihnen und liessen sie fragen: Wer ihnen die Erlaubnis gegeben hätte, an der Fastnacht einen Schönbart auszurichten. Die stolzen Krämer gaben zur Antwort. Daß sie niemand Rechenschaft zu thun schuldig wären. Sogleich wurde beschlossen, diese Hochmüthigen zu bekriegen und sie thurniermäßig von ihren Pferden herab zu stechen. Man versprach sich von diesem Unternehmen gar viel, weil man wußte, daß die Wallonen wenig Herzhaftigkeit hatten; und im falle, daß man der Menge weichen müßte, dachte man auf einen klugen Rückzug in die Behausung, woraus man ausgelaufen war, woselbst sie sich, als aus einer Vestung, mit vereinigten Kräften wehren wollten. Die in rauhen Kleidern, oder die Holzleute, mußten vorauslaufen und Raum unter dem Volke machen; die eigentliche Schönbarts-Gesellschaft aber folgte mit Pfeiffen und Trommeln und Schellen hinten nach, und wäre so glücklich gewesen, einen vollkommenen Sieg zu erhalten, indem die meisten Wallonen flohen, andere von den Pferden fielen, alles aber in Unordnung geriethe, wo sich nicht der Rath, der diese Unruhe gar über empfand, darzwischen legte, und einen aus seinem Mittel, Herrn Andreas Tucher, unter sie schickte, der durch sein Ansehen und seine Heftigkeit dem Streit ein Ende machte. Nach etlichen Tagen wurden die Schönbarts-Hauptleute vor dem Rath gefordert, ihnen eine scharfe Rede gehalten und mit ihrer ganzen Gesellschaft aus Gnaden 3 Tage lang auf den Thurm gestraft.

Ich komme auf die Beschreibung der Lustbarkeit und des Schönbarts selbst. Voraus liefen allzeit, nach alten teutschen Gebrauch, etliche Vermummte in Narrenkleidern, die mit Kolben oder Peitschen in der Hand Platz machten. Sodann ritte, oder lief auch bisweilen, einer im Narrenkleide mit einem grossen Sacke voll Nüsse,

se, welche er unter die sich darum raufende Buben ausgeworfen hat.
Ihm folgte noch ein anderer, meistens zu Pferd, und trug einen
Korb mit Eyern, die mit Rosenwasser gefüllet waren. Wenn nun
das Frauenzimmer sich in den Fenstern oder unter den Haus-Thü-
ren, oder auch auf der Gasse sehen lies, wurden sie mit diesen Eyern
geworfen: und dies hat denn, nach der Anmerkung der Schönbart-Bücher, gar schön geschmecket. Dann kamen die Schön-
barts-Leute selbsten mit ihren Schutzhaltern, Hauptmännern und
Musikanten. Ihr Schönbart-Kleid war meistens überein, alle Jahr
aber sowohl in den Farben, als der Haupt-Erfindung verändert.
Manchmal lief einer drunter, der einen besondern Einfall hatte; z. B.
ein wilder Mann, oder ein wildes Weib; ein Mann mit einem
Wolfs-Kopf, einer im grünen Kleide mit lauter Spiegeln behänget; ein indianisches Weib mit lauter Kastanien behänget; und
im Jahr 1523. beym Anfange der gesegneten Kirchen-Reinigung
machte einer ein grosses Aufsehen, der in einem Kleide lief, so von
lauter Ablaß-Briefen mit daranhangenden Siegeln zusammengesetzet war, dergleichen Briefe er auch in der Hand trug. Zum Be-
schluß des ganzen Zuges führten sie meistentheils, wenigstens von
Jahr 1475. an, eine sogenannte Hölle, die nach Beschaffenheit
ihrer Grösse entweder von Menschen oder von Pferden auf einer
Schleife gezogen wurde. Diese Hölle war eine grosse Maschine
von verschiedener Erfindung, die ein künstliches Feuerwerk in sich
faßte und beym Ende der ganzen Lustbarkeit vor dem Rathhause an-
gezündet, manchmal gestürmet und verbrannt worden ist. Die vor-
nehmsten Erfindungen und Abwechslungen dieser Hölle waren: Ein
Haus; ein Thurm; ein Schloß; ein Schiff; eine Windmühle;
ein Drache, ein Basilisk, ein Crocodill, die Feuer speyeten; ein
Elephant mit einem Thurme und Mannschaft; ein grosser Mann,
der Kinder fraß; ein häßlicher alter Teufel, der die bösen Weiber
fraß; ein Kram mit einer Krämerin, die allerhand Narrenwerk feil
hatte; ein Venusberg; ein Backofen worinnen lauter Narren ge-
backen wurden; eine Canone, woraus man böse Weiber schoß;
ein Vogelheerd, worauf man Narren und Närrinen fieng; eine
Galleere mit Mönchen und Nonnen; ein Glücks-Rad, welches
lauter Narren herum drehete, u. dergl. m. Manchmal gescha-
schahe es, daß Schlitten mit herum fuhren, sowol Nachtschlit-

ten

ten mit vermummten Perſonen und Muſikanten , als auch kleine
Arten von Rennſchlitten, worauf Geharniſchte ſaſſen, die mit
Thurnier-Stangen gegen einander geſtoſſen und ihren Gegner
abzuheben und auszuſtechen ſich bemühet haben ; welches man
das Geſellen-Stechen nannte, dergleichen auch auſſer der Schön-
bart-Zeit gar viele in Nürnberg angeſtellet wurden.

So groß nun das Vergnügen der Nürnberger an dem
Schönbart war , ſo muſte dieſe Luſtbarkeit doch bisweilen einge-
ſtellet werden; woran die Beſchaffenheit der Zeitläufte Schuld
war. So unterblieb er z. B. 1454. und 55. wegen Sterbs und
Kriegs; 1483. auch wegen Sterbs-Läufte ; 1486. und 87. wegen Abſterben des Römiſchen Königs ; 1500 — 1502. wegen des
Schweitzer-Krieges und anderer Unruhen im Reiche; 1505. wieder wegen Sterbs-Läuften; 1519. wegen Abſterbens Kaiſer
Maximilians ; und 1524. — 1538. ganzer 15. Jahre wegen
Kriegs-und allerhand Noth, ſo das Reich und die Stadt damals drückte. Im drauf folgenden 1539. Jahre war die Luſtbarkeit deſto gröſſer und ausſchweifender ; Es wurde nicht nur
auf dem Rath-Hauſe ein Geſellen-Tanz und Stechen gehalten;
ſondern es begiengen auch die Meſſerer ihren Tantz, der 6. Jahre zuvor nicht war geſehen worden ; und die Schönbarts-Geſellſchaft zeigte ſich in ganz ausnehmendem Pracht. Deren, die
aus den Geſchlechtern mitliefen, waren 135. und ihre Kleidung
war ganz Atlas , mit güldenen Flügeln auf weiſſen Hüten.
Noch andere aus vornehmen Geſchlechtern, 49. an der Zahl,
liefen in Teufels-Kleidern. Damals lief auch das indianiſche
Weib mit dem Kaſtanien-Kleide: es fuhren verſchiedene Schlitten mit, und die Plattner , eine anſehnliche Kaufmanns-Familie,
hielten ein Stechen auf Schlitten. Alles dieſes würde hingegan-
gen und etwa mit Vergnügen angeſehen worden ſeyn ; aber die
Hölle , die ſie mit ſich führten , verderbte den ganzen Schön-
barts-Handel auf ewig. Nürnberg hatte damals unter andern groſſen Theologen den berühmten Dr. Andreas Oſiander
noch in Dienſten. Dieſer Mann verband mit ſeiner natürlichen
Hitze einen ganz beſondern geiſtlichen Eifer auf der Kanzel und
in Predigten. Er mogte bey den noch halb heydniſchen und halb

pa-

papiſtiſchen Sitten Nürnbergs Urſache genug dazu haben: aber
er machte ſich gleichwol das Volk, und beſonders den Pöbel,
zu Feinden. Unter andern ſuchte ſich diesmal die Schönbarts-
Geſellſchaft an ihm zu rächen. Sie machte eine Hölle, die ein
Schiff vorſtellte: in demſelben ſtund ein Pfaff, der ein Bretſpiel
ſtatt des Buchs in der Hand, und einen Doctor und Narren zur
Seiten hatte. Der Pfaff hat dem Oſiander ſo ähnlich geſehen, daß
ihn auch jedermann auf den erſten Anblick erkannte. Dieſer Muthwillen war kaum vorbey, als ſich Oſiander bey Rath beklagte,
und durch ſein groſſes Anſehen die Genugthuung erhielte, daß
die Schönbarts-Hauptleute auf den Thurn geſperret und das
Schönbartlauffen, welches ohnedem mit verſchwenderiſchem Pracht,
groſſem Mißbrauch und allem Muthwillen begleitet war, von nun
an verbotten wurde. Der Pöbel wollte ſich zwar nochmalen an
Oſiandern rächen, und ſtürmte ihm das Haus: allein er machte ſeine Sache nicht beſſer und konnte die Freyheit im Schönbart zu lauffen, um jo weniger mehr erlangen. So endigten
ſich dieſe Luſtbarkeiten mit groben Ausſchweifungen des Pöbels,
durch welche ſie ihren Anfang genommen hat. Obwol einige
Nachrichten melden wollen, es ſey auch nach der Hand noch bisweilen ein Schönbart gelauffen: ſo findet ſich doch kein glaub-
würdiger Beweis davon, und alle Schönbart-Bücher, deren ich
gar viele geſehen habe, ſchlieſſen mit dem 1539ſten Jahre.
Vielleicht haben ſich manchmal andere Handwerker vermummet
ſehen laſſen, die aber keine eigentliche Schönbarts-Geſellſchaft
ausmachten: ſo wie ſchon vorher, da der wahre Schönbart noch
dauerte, auch einigemalen andere Partheyen und Zünfte, z. B.
die Kirſchner, die Meſſerer, an der Faſtnacht herum zu lauffen,
die Freyheit gekriegt haben.

Ich muß noch erinnern, daß dieſes Schönbart-Laufen von
1539. von unſerm Hanns Sachſen, in dem erſten Theile ſeiner Gedichte, auf dem CCCCVII. Blatt u. ſ. w. beſchrieben
ſey. Er gedenket dabey nicht nur der Bedeutung aller Handlun-
gen und Gebräuche beym Schönbart, ſondern auch ſeines Ur-
ſprungs; und es ſcheinet, als ob die obenangeführten Verſe,
jedoch mit ziemlicher Veränderung, aus ihm entlehnet worden.

Das

Das Merkwürdigste wäre, daß Hanns Sachse die Schönbart schier durchaus Scheinbart schreibet, wenn es nicht etwann ein Druckfehler ist.

Die Metzger verlohren inzwischen, mit der Freyheit herumzu laufen, das Angedenken dieser Sache und ihrer Treue keineswegs. Es wird versichert, daß ihnen jährlich um die Fastnacht-Zeit eine gewisse Erkenntlichkeit von gemeiner Stadt aus für den Schönbart gereichet worden, welches noch bis auf den heutigen Tag dauren soll. Nichts davon zugedenken, daß die Schönbart-Bücher, die auch ausser Nürnberg angetroffen werden, das Gedächtnis dieser Sache nicht untergehen lassen.

Merkwürdig ist noch der Christliche Eifer eines hochlöbl. Magistrats unserer Vatterstadt, der nicht nur die Fastnachts-Lustbarkeiten mit ihrem Muthwillen und vielen Ausschweifungen wollte abgeschaffet, sondern auch dafür auf die Fastnacht und den Aschermittwochen einen Buß- und Bet-Tag, der sich zum Eintritt der Zeit des Leidens Christi besser schicket, angestellet haben. In der Verordnung und Verkündigung dieses Buß-Tags auf das Jahr 1649, welcher wo nicht der erste doch einer von den ersten war, heißt es ausdrücklich: „ daß uff nächst-„ künfftigen Aschermittwoch, den 7. Febr. geliebt es GOtt, „ an statt der heidnischen Faßnacht, welche, wie in den vo-„ rigen Jahren, also auch dießmal, in der Stadt und auf dem „ Land, allerdings vorbotten wird, dagegen ein Christlicher „ Buß- Fast- und Bet-Tag — — — soll gehalten „ und gefeyert werden, u. s. w.

Vor=

# Vorrede
## in das
# Schönbart=Buch.

Als man zählt dreyzehn hundert Jahr
Und neun und vierzig auch fürwahr,
Kaiser Carolus das war der viert
Das heilige römische Reich regiert:
Damals machten zu Nürnberg der Stadt
Die Zünfte Bündniß wider den Rath
Und die Gaisbärt in der Schmidzunft
Fiengen an mit grosser Unvernunft,
Am dritten Pfingstag wolltens überfallen
Den Rath und den erschlagen allen.
Aber am heiligen Pfingstag
Da hört ein Mönch ihren Anschlag
Von zweyen Zünftmeistern ohngefähr,
Als hinter einer Thür stund er.
Von Stund an er gewarnet hat
Vor den Zünften ein ehrbarn Rath,
Darauf ein jeder in seinem Haus
Trachtet, wie er möcht kommen draus,
In Truhen, Fässern und in Säcken,
Wie sich ein jeder möcht verstecken,
Kamen alle zu Haideck zusammen.
Darnach die Zünfte die Stadt einnahmen
Und sazten einen neuen Rath
Von der Gemeine aus der Stadt,
Viel Handwerksleut aus der Zunft,
Die regierten mit kleiner Vernunft,
Mit vielen ungebührlichen Sachen
Und wollten die Stadt grösser machen,
Bauten etliche Thurn und Maurn.
Also blieb der alt Rath in Traurn,
Zu Haideck fast auf anderthalb Jahr,
Biß auf Michaelis zwar.
Von Prag König Carol kam
Und zu Nürnberg gefänglich nahm
All Ursacher an dieser Aufruhr,
Aus ihnen mancher enthauptet wur,

C

Auf

Auf dem Weinmarkt vor dem Rathhaus.
Also reutet er die Aufruhrer aus,
Brach wieder ab des neuen Raths Gebäu
Und thät ab all ihr Ordnung neu,
Samt allen Zünften in Gemein:
Darnach sezt er den alten Rath wieder ein
In ihr Fürsehung und Regiment:
Also nahm diese Aufruhr ein End.


Darnach die Metzger mit Verlangen
Thäten den alten Rath empfangen,
Hielten getreulich in dieser Aufruhr allhie,
Derohalben König Carol begabet sie
Mit einem neuen Fastnacht = Tanz
Und den Stadtpfeifern ziemlich ganz
Und mit einem Fastnachtspiel bekannt,
Welches der Schönbart wird genannt.
Solches Spiel hattens in ihren Handen,
Jährlich habens von ihnen bestanden
Die Bürger von den ehrbarn Geschlechten
Um ein Summa Gelds, daß sie mit Rechten
Den Schönbart selbst möchten verwalten.
Also ist es kommen auf uns von den Alten.
Ihre Kleidung erstlich leinen war
Darauf schlechtlich gemahlet gar,
Darnach über lang trugens Barchant,
Hernach von guten wüllen Gewand,
Endlich liefens auch in Atlas,
Ihre Kleidung wie länger wie köstlicher was,
Auch liefen darunter alle Jahr
Viel Holzleut auch andere je Paar und Paar,
Und sonst auch mancherley Abenteuer,
Wurfen auch viel fliegendes Feuer,
Verbrannten auch allemal eine Höll
Mit grosser Kurzweil und Geschell.
Solches alles in diesem Schönbartbuch
Gemalt ordentlich nach einander such,
Samt aller ihrer Förm und Gestalt,
Beschrieben und dazu gemalt,
Samt ihren Hauptleuten alle Jahr,
Was für Kleidung und Farb jeder Schönbart war,
Und wie viel ihrer alle Jahr seyn geloffen,
Das macht dir dieß Buch klar und offen.

*Num.*

### Num. 1. oder erster Schönbart.

Im Jahr 1449. war Conz Eschelöer (1), Hauptmann in Schön- **Tab. I.**
bart, liefen aus in des Christian Weißen Haus, bey der lan- **Fig. 1.**
gen Brucken, waren der Männer 24, 12 Erbar, und 12 aus der
Gemein; waren gekleidet in Leinwand, ganz weiß, mit einem grünen Hut und Ermel, und auf einer Seite mit grünen Zügen gemacht,
kauften den Schönbart um 6 Gulden.

Zu diesen Zeiten, als der Nürnberger Krieg mit dem Marggraf Albrechten war, da tanzeten die Fleischhacker vor das Spitler-
thor hinaus; die Feind, die vor dem Wald umrannten, die sahen
sie, und es war auch dies Jahr ein grosser Sterb allhier.

Im Jahr 1450. lief kein Schönbart.

### Num. 2.

Im Jahr 1451. war Endres Wagner, Hauptmann in Schön- **Tab. I.**
bart, waren 24. Männlein, liefen aus zum Christian Weißen. **Fig. 2.**
Die Fleischhacker mußten sie kleiden und belohnen, und jedem 5 Gro-
schen geben; sie samleten auch an dem Ascher-Mittwoch Fisch ein,
die sie mit einander assen. Waren gekleidet ganz weiß, mit rothen
Handschuhen und Schuhen, und kauften den Schönbart von denen Metzgern um 6 Gulden.

Im 1452sten Jahr lief kein Schönbart, denn es war ein
Sterb allhier.

### Num. 3.

Im Jahr 1453. war Anthoni Talner, Hauptmann in Schönbart, **Tab. I.**
waren 24 Männlein, liefen zum Christian Weißen aus, und sam- **Fig. 3.**
leten auch Fisch zusammen. Waren alle ganz weiß bekleidet, mit einem
blauen Hut und Ermel, erkauften von den Metzgern um 6. Gulden.

In diesem Jahr zog Marggraf Friederich, Churfürst aus der
Mark, zum heil. Grab.

Anno. 1454. lief kein Schönbart.

Anno 1455 ist abermals kein Schönbart allhier zu Nürnberg geloffen, denn es war Krieg wider den Türken.

C 2 *Num.*

(1) Manche Schönbart-Bücher machen den **Hanns Weißen** zum zweyten
Schönbart-Hauptmann.

## Num. 4.

**Tab. I.**
**Fig. 4.**
Im Jahr 1456. war Hanns Ellwanger, Hauptmann in Schönbart, der Männlein waren 24, liefen zum (*) alten Weißen
aus in der obern Stuben, in bruchblauen Schetter, mit einem rothen Ermel und Hut bekleidet, und samleten auch Fisch ein, die sie
miteinander aßen, kauften von den Metzgern um 6 Gulden.

## Num. 5.

**Tab I.**
**Fig 5.**
Im Jahr 1457 war Friz (Franz) Holfelder, Hauptmann in
Schönbart, waren 24. Männlein, liefen zum Weißen aus, und
hatten Büchsen an ihnen hängen, darein sie Trinkgeld samleten und
keine Fisch mehr. Ihre Kleidung war ganz weiß, mit einem halben
rothen Ermel, und halb rothen Hut, kauften von den Metzgern um
6. Gulden.

Dies Jahr ist des Königs aus Brittanien Tochter zu Nürnberg
durchgeritten, die war König Leslau in Böhmen vermählt, welcher
vergeben wurde, ehe denn er sein Beylager hielt; derowegen sie nicht
lange hernach das andermal hier durchritte und wieder heimzog,
war ganz schwarz bekleidet, das erstemal ganz weis gewesen.

## Num. 6.

**Tab. I.**
**Fig. 6.**
Im Jahr 1458 war Heinrich Rumel, (2) Hauptmann in
Schönbart. Der Männlein waren 24, samleten auch Trinkgeld in eine Büchsen, auch von den Juden, so damals allhier woh-
neten, und von den Frauen Wirthen, auch sonst an viel Orten, damit sie zu trinken hätten. Sie liefen aus bey dem Christian Weißen, an der langen Brucken, bekleidet ganz weiß, mit rothen Flammen geziert auf Leinwand, mit einem rothen Sparren in Ermel;
kauften von den Metzgern um 6. Gulden.

Damals haben sich etliche junge Burger von den alten adelichen
erbaren Geschlechten der Stadt Nürnberg, solche Freud in Schönbart zu laufen, erstlichen eingemischt, und hernach jährlichen von den
Metzgern erkauft und bestanden, wie hernach folgen wird.

In

(*) Andere lesen: Christoph Fran-   (2) Andere lesen: Franz Rummel.
ken an der langen Brucken.

In diesem Jahr brannte es unter den Hutern, und verbrann ein Schuster, hieß der Hebenstreit. Es wurf auch in diesem Jahr der Pfalzgraff 3 Fürsten nieder, und fieng sie.

### Num. 7.

Im Jahr 1459 war der Jörg Zenner, Hauptmann in Schön-bart. Der Männlein waren 21, samleten auch Geld in eine Büchsen ein. Sie liefen aus bey dem Christian Weißen, an der langen Brucken, und hatten den Schönbart gekauft von den Metz-gern um 6 Gulden. Waren gekleidet ganz weiß, mit einem roth gestreiften Ermel, hatten rothe Hüte auf, und waren mit grossen Schellen behängt.

Tab. I.
Fig. 7.

### Num. 8.

Im Jahr 1460. war Hanns Grabner, Hauptmann in Schön-bart; liefen 24 Männlein in roth und weißen Schetter geklei-det, mit roth und weis eingenestelten Flammen gemahlt; hatten keinen Paucker, sondern einen Sackpfeifer, der lief mit ihnen, und hieß der Fürst, war ein Altreiß. Sie liefen aus von der Herrn Trinkstuben, und hatten den Schönbart bestanden von den Metzgern um 6 Gulden.

Tab. I.
Fig. 8.

### Num. 9.

Im Jahr 1461. war Hanns (Heinrich) Halden, Hauptmann in Schönbart, und liefen 24 (³) Männlein, gekleidet in eitel roth mit blau und gelb gewundenen strichen an dem rechten Arm und Schenkel, oder aber mit gewundenen flinderlein, und die andere Seite mit weißen Flammen, hatten den Schönbart bestanden von den Metzgern um 6 Gulden.

Tab. I.
Fig. 9.

### Num. 10.

Im Jahr 1462. war Hanns Flock, ein Schreiner, Hauptmann in Schönbart, und liefen 24 Männlein in blau und rothen Schetter gekleidet, gerad abgetheilt, kauften ihn von den Metzgern um 6 Gulden; und in diesem Jahr ist ein Sterb in Nürnberg gewesen, denn es sind in diesem Jahr von Lorenzi bis auf Lichtmes allhier und zu Wöhrd gestorben 4493 Menschen. Auch war dies

Tab. II.
Fig. 10.

C 3 Jahr

(3) Etliche lesen 28 Männlein.

Jahr ein Krieg zwischen Herzog Ludwig von Bayern, und Marggraffen Albrecht von Brandenburg; Herzog Ludwig gewann dem
Marggraffen etliche Städt und Land ab, darnach gab ers ihme wider.

### Num. 11.

Tab.II.
Fig. 11.a. Im Jahr 1463 waren zwey Schönbarte. Sebald Halbwachs
war Hauptmann in dem, da die Kleidung eitel blau war, mit
weißen Flammen geziert, deren sind 32 Männlein gewesen, und
warteten auf die Metzger.

Tab.II.
Fig. 11.b. Mehr war Michel Paumgärtner ein Schönbart von einem
Erbarn Rath erlaubt, waren 24 (4) Männlein, und liefen in eitel
Lohngold, oder ganz gelb.

Zu dieser Faßnacht tanzeten die Kürschner auch allhier in der
Stadt um; und in diesem Jahr hieng man einen Juden zu Nürn-
berg aussen an den Galgen, und sezte ihm ein Häublein mit heißen
Pech auf den Kopf.

### Num. 12.

Tab. II.
Fig. 12. Im Jahr 1464. war Hanns Kreß, Teibner genannt, Hauptmann in Schönbart, liefen aus zum Kreßen an der Dillinger
Gaßen, waren 32 Männlein in eitel weiß Schetter gekleidet, mit
rothen Rößlein gemahlt auf grünen Zweigen. Die Metzger liessen
ihnen den Schönbart umsonst.

In diesem Jahr liefen zugleich auch die Messerer in Schönbart, und hielten einen Tanz vor den Häußern, wie auch die Kürschner.

### Num. 13.

Tab. II.
Fig. 13. Im Jahr 1465. war Hanns Kreß, Hauptmann in Schönbart,
waren ihrer 26 Männlein, in eitel schwarz gekleidet, mit weißen
Flammen gemahlt, liefen aus bey dem Kreßen (5) an der Dillinger
Gaßen, und erkauften den Schönbart von den Metzgern um 5 Gulden.

### Num. 14.

Tab. II.
Fig. 14. Im Jahr 1466 war Sebald Baumgärtner, Hauptmann in
Schönbart, waren der Männlein 32 (6) bekleidet ganz weiß,
in

(4) In manchen Büchern finden sich
nur 8 Personen.
(5) Oder nach andern Büchern, Weißen.
(6) Einige MSte enthalten nur 25
Personen.

in grober Plohen, mit roth, blau und gelben strichlein gemahlt, und liefen aus zum Schürstab an Milchmarkt. Sie hatten den Schönbart bestanden von den Metzgern um 5 Gulden.

### Num. 15.

Im Jahr 1467 war der Hanns Reuter, ([7]) Rothfärber, und der Michel Schelhamer, ein Schloßer, Hauptmänner in Schönbart, waren 32 ([8]) Männlein, 18 der Erbarn, und 14 aus der Gemein, gekleidet in eitel schwarz mit weissen Flammen und blauen Gewülk, auf Leinwand gemahlt, und seyn ausgeloffen zum Topler ([9]) am Weinmarkt; kauften den Schönbart von den Metzgern um 8 Gulden. Tab. II. Fig. 15.

Dies Jahr wurden aus dem Rath in Antoni Baumgärtners Sachen enturlaubet Nicolaus Muffel, Antoni Tucher, beede Losunger, ein alter Herr Martin Holzschuher, Leonhard Grundherr, Erasmus Schürstab.

### Num. 16.

Im Jahr 1468. liefen zwey Schönbarte, und der Martin Höfler war Hauptmann in dem rothen Schönbart, mit gelben Blumen gemahlt auf der linken, und auf der rechten weisse Flammen. Es liefen 24 Männlein, warteten auf die Metzger, und gaben ihnen 1 Gulden ([10]) zu Lohn, daß sie den Schönbart ihnen liessen; liefen aus bey ihrem Hauptmann, auf dem Lorenzer-Plaz. Tab. II. Fig. 16. a.

Und in dem andern Schönbart, der von einem Erbarn Rath erlaubt war dem Hanns Kreßen, liefen 42. ([11]) Männlein, eitel erbare Gesellen, in blau gekleidet, die rechte Seite mit weissen Gewülk und gelben Flammen geziert, die andere Seite war mit vielen 3 gemacht, sind ausgeloffen zum Hanns Kreßen an der Prediger-Gaßen; gaben den Metzgern 3 Gulden; Tab. II. Fig. 16. b.

Es zog auch in diesem Jahr Herzog Ott aus Bayern zum heil. Grab.

Num.

(7) Bey etlichen findet sich dieser Reuter, Kerber genannt.
(8) Etliche bestimmen nur 18 überhaupts.
(9) In manchen Büchern wird er Daier, oder Dörfer geschrieben.
(10) Andere lesen 2 Gulden.
(11) Alii. 20.

### Num. 17.

Tab. III.
Fig. 17.

Im Jahr 1469. waren der Hegner, ([12]) und der Michel Gruber, Hauptleute in Schönbart, liefen 35. Männlein, gekleidet in schwarz und weiß, mit gelb und weissen Flammen gemahlt, zum Gruber, ([13]) am Obs-Markt aus, und gaben den Metzgern zween ([14]) gulden zu lohn.

### Num. 18.

Tab. III.
Fig. 18.

Im Jahr 1470. war Sebald Kröner, ([15]) ein Weisgerber, Hauptmann in Schönbart, waren der Männlein 16, gekleidet in blau und weiß, mit rothen Disteln auf grünen Zweigen geziert, liefen aus in Schiesgraben, und bestunden ihn von den Metzgern um 3. Gulden.

### Num. 19.

Tab. III.
Fig. 19.

Im 1471sten Jahr war Hanns Schlüsselfelder, Hauptmann in Schönbart, waren 43. Männlein, bekleidet in eitel blau, mit weissen Kleeblättern geziert; liefen aus zum Schlüsselfelder am Weinmarkt, und haben ihn von den Metzgern bestanden um 4. ([16]) Gulden.

### Num. 20.

Tab. III.
Fig. 20.

Anno 1472. war Heinz ([17]) Scherb, Hauptmann in Schönbart; der Männlein waren 22, ([18]) gekleidet in violbraun und weiß, darauf Sonne, Mond und Sterne gemahlt waren, liefen aus bey dem Wagner an der Kothgassen, und bestunden ihn von den Metzgern um 5. ([19]) Gulden.

Herzog Albrecht von Sachsen zog in diesem Jahr zum heil. Grab. Ist auch ein Comet mit einem langen Schwanz am Himmel etliche Nächt gesehen worden. Denn ward in diesem Jahr die hohe Schul zu Ingolstadt aufgerichtet.

### Num. 21.

Tab. III.
Fig. 21.

Im Jahr 1473. war Meister Voit, ein Plattner, Hauptmañ in Schönbart, waren 33. Männlein in grün und in weiß gekleidet, mit roth und

---

(12) Bey andern heißt er Franz Hager.
(13) Einige lesen: von der Herrn Trinkstuben.
(14) Etliche geben 4 Gulden an.
(15) Wird auch Sebald Krämer gelesen.
(16) oder 5 Gulden.
(17) alii: Hanns Scherb.
(18) Manche lesen 32.
(19) Etliche Bücher geben 6 Gulden an.

und weissen Flammen gemahlt; liefen aus zum goldenen Creutz auf
der Füll, und haben den Schönbart bestanden von den Metzgern um
4. Gulden.

### Num. 22.

Im Jahr 1474. war Conz Hennslein, ([²⁰]) Hauptmann in Schönbart, der Männlein waren 26. in violbraun und gelbe Leinwand
gekleidet, mit rothen und weissen Rößlein auf grünen Zweigen be-
mahlet; liefen aus zum goldenen Creutz auf der Füll, und haben ihn
von den Metzgern um 9. ([²¹]) Gulden bestanden.

Tab. III.
Fig. 22.

 In diesem Jahr war ein Sterb zu Nürnberg. Item in diesem
Jahr zog man hier aus für Neus, Herzog von Burgund lag dafür.

### Num. 23.

Anno 1475. waren Hanns und Benedict Frey, Gebrüder, Haupt-
leut in Schönbart, waren ihrer 46. Männlein, in roth und
grün wüllen Tuch gekleidet, in dem rothen waren gelbe, und in dem
grünen waren weisse Eichelblätter gemahlt, liefen aus zum Hanns
Hegner am alten Roßmarkt, und bestunden den Schönbart von den
Metzgern um 4. ([²²]) Gulden.

Tab. III.
Fig. 23.

 Damals ist die 1ste Höll dabey gewesen, und sind nicht allemal
dergleichen gemachet worden; aber nach Jahren kam es dazu, daß
schier alle Jahr eine Höll zum Schönbart gemacht wurde; und in
diesem Jahr war der Schüttensamen gefangen gen Nürnberg gebracht, daselbst er verbrannt worden ist.

### Num. 24

In Jahr 1476. war Hanns Werner, ([²³]) Hauptmann in
Schönbart, waren 36. Männlein, bekleidet eitel weiß, mit
Blumen von allerley Farben, oder rothen Disteln auf grünen Zweigen geziert; liefen aus zum Schürstab ([²⁴]) auf der Füll, bestunden den Schönbart von den Metzgern um 6. Gulden. Dies Jahr
liefen auch 13 roth, die alle ein Erbar Rath erlaubet hat.

Tab. III.
Fig. 24.

D          Die

---

(20) oder wie andere lesen: Höflein,
oder Höfler.
(21) viele haben 4 Gulden.
(22) Andere lesen 5 Gulden auch 8
Gulden.

(23) In einigen Schönbartbüchern lieset man: Hanns und Jörg Waiher,
Gebrüder, waren Messerer.
(24) Viele haben: von der Herrn
Trinkstuben.

Diese 13 roth haben mancherley Kleidungen gehabt, je einer anders, denn der andre; das mußten die Schönbarte dulten und nachgeben; wiewohl sie über einander ergrimmten, kam es doch zu keinen Schlagen.

## Num. 25.

**Tab. IV.**
**Fig. 25.** In dem 1477sten Jahr war Hanns Stör, [25] Hauptmann in Schönbart, der Männlein waren 26., [26] und ihre Kleidung bestund in eitel roth Braunfarb, darauf grün und gelbe Blumen, oder rothe Disteln auf grünen Zweigen geziert, und hatten einen gelben und blauen Flügel von Federn auf den Hut stecken. Sie liefen aus zum Marien Bild [27] am Obsmarkt, bestunden den Schönbart von den Metzgern um 6. Gulden.

In diesem Jahr war Herzog Carl von Burgund vor Nancy erschlagen.

## Num. 26.

**Tab. IV.**
**Fig. 26.** Anno 1478. waren Sebald Geuder, und Leonhard Tezel, Hauptleute in Schönbart. Die 32. Männlein, so gekleidet waren in eitel grün, mit weissen Flammen und Gewülk, hatten auf der Brust eine Jungfrau in Braun gekleidet, liefen aus zum goldenen Creutz auf der Füll, oder wie andre wollen, zum goldnen Cranz, und haben den Schönbart von den Metzgern um 6. Gulden bestanden.

## Num. 27.

**Tab. IV.**
**Fig. 27.** Im Jahr 1479. waren Hermann Poz und Jörg Conrad, 2 Feischhacker, Hauptleute [28] in Schönbart, waren der Männlein 19, gekleidet in grob violetfarb mit gelben Blumen, hatten auf der Brust eine Jungfrau, in roth gekleidet, und liefen aus zum Hupfauf unter den Hutern, gaben den Metzgern 3. Gulden.

In diesem Jahr zog zum heil. Grab Hanns Tucher, Sebald Rieter, und D. Ott Spiegel, wie auch gleich auf St. Catharina-Berg.

Num. 28.

[25] Bey einigen heißt er Stoy.
[26] Etliche geben 36 Personen an.
[27] Einige lesen: Mergelein,

[28] Manche wissen nur von einem Hauptmann, nemlich: Hermann Größ.

### Num. 28.

Im 1480ſten Jahr war Ulrich Macher, ein Metzger, Haupt-    Tab. IV.
mann in Schönbart, ihrer waren 23. [29] Männlein in eitel    Fg. 28.
roth gekleidet, die eine Seite war mit weiſſen Flammen, die andre
Seite mit gelben Laubwerk geziert; hatten auf der Bruſt eine Jungfrau in gelb bekleidet. Sie liefen aus zum Macher an der Fleiſch-
Gaſſen, beſtunden von den Metzgern um 4. Gulden.

### Num. 29.

Im Jahr, 1481. waren Ulrich Macher, und Hännslein Satt-    Tab. IV.
ler, Paumbauer genannt, Hauptleute in Schönbart. Es    Fig. 29.
waren 33. Männlein in blau und gelb gekleidet, liefen aus zum Macher an der Fleiſchgaſſen, und beſtunden den Schönbart von den
Metzgern um 4 Gulden.

In dieſem Jahr brannte das Brau-Hauß am Stab ab, es
war auch eine groſſe Theurung, daß das Simra Korn auf 40 Pf.
kommen.

### Num. 30.

Anno 1482. war Hännslein Schremlein, ein Gürtler, [30]    Tab. IV.
Hauptmann in Schönbart, und waren ihrer 24 Männlein, ge-    Fig. 30.
kleidet in blau, braunroth und gelb Leinwand, gerad abgetheilt, mit
ſtrichweiſſen Flämmlein gemahlt. Sie liefen aus [31] zum Störn
am Obs-Markt, und beſtunden ihn von den Fleiſchhackern um
4 Gulden.

Im 1483ſten Jahr lief kein Schönbart, tanzten auch die Fleiſch-
hacker nicht wegen Sterbsläuften. Denn in dieſem Jahr in ganz
Teutſchland und Welſchland eine ſcharfe und geſchwinde Peſtilenz
regierte, daß die Leut gleich unſinnig dahin gefallen, und ſind in einem
Jahr mehr denn 4000 Perſonen dahin geſtorben. Dies 1483ſte
Jahr iſt S. Sebalds Thurn, darauf die Wacht iſt, erhöhet und die
Schlag-Glocken umgegoſſen worden, hat gewogen 106 Centner.

D 2                    Num. 31.

(29) Etliche Bücher enthalten 32 Per-    (31) Einige leſen: bey ihrem Haupt-
ſonen.                                          mann in der Spitel-Gaſſen.

(30) alii: Hännslein Schreinlein, ein Meſſerer.

## Num. 31.

Tab IV.
Fig 31.
Anno 1484 war Ulrich Macher, Hauptmann in Schönbart. Die 24 Männlein, so in roth und gelb gekleidet waren, mit weissen Flammen und Gewülk geziert, liefen aus zum Macher an der Fleisch-Gassen, bestunden von den Metzgern um 5 Gulden.

In diesem Jahr war ein Sterb allhier in Nürnberg, es ist aber der Wein so wohl gerathen, daß man einen Eimer um ein Ey gab.

## Num. 32.

Tab. IV.
Fig. 32 a.
Im 1485sten Jahr war Fritz Milla (32) Hauptmann in Schönbart, waren ihrer 28 Männlein, liefen aus zum Milla am alten Roß-Markt, und waren gekleidet in blau und weiß, das blau mit weissen Flammen geziert; gaben den Metzgern 6. Gulden.

Tab. IV.
Fig 32 b.
Tab. IV.
Fig. 32. c.
Item in diesem Jahr erlaubte ein Erbarer Rath noch zwo Rotten, einen Mohren in eitel weiß, und einen Bauren in eitel blau, bestunden den Schönbart von den Metzgern um 4 (33) Gulden. Anno 1486. lief kein Schönbart, der römische König Maximilianus war gefangen in Niederlanden zu Brügg, wie auch nicht in Jahr 1487, denn es waren Kriegs-Läufte vorhanden. Doch war in diesem 1487sten Jahr ein grosser Reichs-Tag hier zu Nürnberg, und Kaiser Friederich von Oesterreich liehe den Fürsten Lehen am Markt öfentlich, auf einem hohen Lehen-Stuhl, mit allen sechs Churfürsten in ihrer Kleidung gesessen.

## Num. 33.

Tab. V.
Fig. 33.
Im Jahr 1488 waren Sebald Tucher und Jörg Kößler, Haupt-Leut in Schönbart, waren 32 (34) Männlein, gekleidet in eitel roth mit weissen Zügen und Flammen. Sie liefen aus zum (35) Dörrer an der Brucken, und bestunden den Schönbart von den Metzgern um 6. Gulden.

## Num. 34.

Tab. V.
Fig. 34.
In dem Schönbart des 1489sten Jahres waren drey Hauptleute, nemlich Jobst Toppler, Jörg Kößler und Sebald Deichler.
Derer

(32) Wird auch Mäula geschrieben.
(33) oder, wie andere wollen, 5 Gulden.
(34) aiii. 28.
(35) Manche lesen: bey dem Sebald Tucher in der Dilling-Gassen.

Derer in Schönbart waren (³⁶) 36 Männlein, bekleidet mit eitel
schwarz mit gelben Laubwerk gezieret, und weissen Blumen, hatten
auf der Brust eine Jungfrau in Braunroth gekleidet; sie liefen aus
bey der Rosen gegen den Frauenbrüdern, und bestunden den Schönbart von den Metzgern um 7 (³⁷) Gulden.

In diesem Jahr zog der römische König gen Ungarn, und gewann Stuhl-Weissenburg. Item starb in diesem Jahr der Unga-
rische König Matthias.

### Num. 35.

Anno 1490 war Thomas Fuchs, ein Handschuhmacher, Haupt- Tab. V.
mann in Schönbart, waren der Männlein 43 in eitel Blau ge- Fig. 35.
kleidet, die eine Seite mit weissen Flämmlein, die andre mit weissen
Rößlein gezieret, hatten auf der Brust eine Jungfrau in rosinfarb gekleidet. Sie liefen aus zum Jordan (³⁸) an der Fleisch-Brucken,
bestunden den Schönbart von den Metzgern um (³⁹) eilf Gulden.

Es hielten auch diese Fastnacht die Messer-Schmidt ihren
Schwerdt-Tanz allhier, auch tanzten die Metzger.

### Num. 36.

Anno 1491 war Thomas Fleischmann, Hauptmann in Schönbart. Tab. V.
Der Männlein waren 36 in eitel weis Tuch gekleidet mit grünen Fig. 36.
Eichel-Blumwerk gezieret, und eine Jungfrau in braunroth gekleidet auf der Brust. Sie liefen aus zum goldenen Creuz, (⁴⁰) und
bestunden den Schönbart von den Metzgern um zwölf Gulden.

### Num. 37.

Im 1492sten Jahr lief kein Schönbart, die Herrn von Rath er- Tab. V.
laubten einen Alt-Vatter in Blau gekleidet, mit einem rothen Fig. 37.
Ermel und Hut, eine Geissel in der Hand, und waren Hauptmänner
diese 4 mit Namen: Nickel Sailer, Hermann Poz, (⁴¹) Sief-
fan Pfirstenbinder, und Prügel, oder wie andre haben Buckhard,
Schneider. Ihrer waren 92, und liefen aus zum Steffan Pür-
sten-

D 3

(36) andere haben nur 32.
(37) oder 6 Gulden.
(38) alii: Gardian.
(39) Andere lesen: 7 Gulden.

(40) Nach andern Mspten: von der
Herrn Schiesgraben.
(41) Manche haben: Ul Hermann.

stenbinder in der Juden-Gassen, (⁴²) bestunden den Schönbart von den Metzgern um 14 Gulden.

In dieser Fastnacht war Herzog Albrecht von Sachsen hier zu Nürnberg.

### Num. 38.

Tab. V.
Fig. 38.
Im Jahr 1493 waren 4 Hauptmänner in Schönbart, mit Namen: Wolff Haller, Jörg Kötzler, Sebald Tucher und Steffan Paumgärtner. Der Männlein waren 72 in wüllen Tuch, schwarz und weiß gekleidet, mit langen Strichen gerad abgetheilt und halben gelben Ermeln, und gelben Gollern, und war der erste Schönbart in wüllen Gewand. Sie liefen zum Friz Dörrer an der Brucken aus, und bestanden den Schönbart von den Metzgern um 16 Gulden; hatten auch eine Höll, die war ein grosses Schloß mit 4 Erkern, und wurde von ihnen vor dem Rath-Haus gestürmet.

Anno 1494 lief kein Schönbart, war ein Sterb zu Nürnberg, desgleichen waren mit dem Marggrafen Kriegs-Läufte vorhanden, und zog Herzog Friederich Churfürst zu Sachsen und Herzog Christian von Bayern zum heil. Grab.

### Num. 39.

Tab. V.
Fig. 39.
Im Jahr 1495 waren 4 Schönbart-Haupt-Leute, als: Hanns Kreß, Wolff Haller, Steffan Paumgärtner und Jörg Kötzler. Derer Männlein sind gewesen 64, (⁴³) gekleidet in schwarz und gelb Tuch, liefen 3 Tag, den Gailen Montag, die Fastnacht und den Ascher-Mittwoch, verbrannten 2 Höllen, und liefen aus am Obs-Markt zum Milla in des Störn Haus; bestunden den Schönbart von den Metzgern um 18 Gulden.

Die Höll war wie ein Schloß anzusehen. Und diese Fastnacht war Marggraf Friederich zu Nürnberg, mit allen seinem Hof-Gesind, hatten ein Gesellen-Stechen, 12 Märkisch und 12 Nürnbergisch.

### Num. 40.

Tab. V.
Fig. 40.
Anno 1496. waren Caspar Paumgärtner, und Jörg Kötzler Hauptleute in Schönbart. Der Männlein waren 52. in Rosinfarb und Leibfarb gekleidet, mit halben weissen Ermeln und Gollern;
sie

(42) Bey etlichen stehet: Leder-Gassen. (43) alii: 62.

sie liefen aus zum Milla am Obs Markt, haben ihn bestanden von den Metzgern um 20. Gulden.

### Num. 41.

Anno 1497. war Meister Ludwig, ein Klingenschmid, und Fecht-meister, Schönbart-Hauptmann. Es waren der Männlein 51. ([44]) gekleidet in Gelb, mit Blauen wüllenen Sparren, liefen aus zum Mannrieder ([45]) an der Schmidtgassen, und haben den Schönbart von den Metzgern bestanden um 21. Gulden. Tab. VI. Fig. 41.

Und zu dieser Faßnacht haben die Messerer allhier ihren Schwerd-Tanz gehalten. Es war auch damals der Herzog von Pommern zu Nürnberg, welcher darnach von hier zum heil. Grab zog.

### Num. 42.

Im Jahr 1498. sind Wolff Rözler und Caspar Paumgärtner, Hauptleute in Schönbart gewesen. Der Männlein waren 48 ([46]) in Leibfarb, mit einem gelben Leib bekleidet, liefen aus zu dem Milla am Obs Markt, in des Störn Haus, und haben den Schönbart bestanden von den Metzgern um 18. Gulden. Tab. VI. Fig. 42.

In diesem Jahr zog zum heil. Grab Herzog Heinrich von Sachsen.

### Num. 43.

Anno 1499. war Caspar Paumgärtner, und Wolff Rözler Haupt-männer in Schönbart, deßen waren 48. ([47]) Männlein, in vielbraun und weiß Tuch gekleidet, mit weissen Gollern, bestunden von den Metzgern um 18. ([48]) Gulden. Tab. VI. Fig. 43.

Anno 1500. lief kein Schönbart, waren Kriegsläufte vorhanden wider die Schweizer.

Anno 1501. lief abermals kein Schönbart, ward Conz Schott und Christoph von Eich der von Nürnberg Feind.

In Jahr 1502. geschah die Schlacht am Sonntag vor St. Johannistag mit Marggraf Casimir, im Nürnberger-Wald, auf der Kornburger Straß; derohalben dies Jahr kein Schönbart geloffen

(44) oder 52.
(45) Andre lesen: Mang pitter, oder Hanns Anton, auch Ammon.
(46) alii 44.
(47) Andre geben 44. an.
(48) oder 8. fl.

fen ist. Es blieben in der Schlacht viel Bürger, gieng auch das
Pulver im Zeughauß an, und thät grossen Schaden.

*Num.* 44.

Tab. VI.
Fig. 44.
Jn Schönbart des 1503ten Jahrs waren Hauptleute Jörg Rözler und Caspar Paumgärtner. Es waren 93. Männlein in
grün und weiß Leinwand, und wüllenen Hosen, liefen aus zum Milla
am Obs Markt, und bestunden den Schönbart von den Metzgern um
(⁴⁹) 15. Gulden. Die Höll war ein Elephant und ein Schloß darauf, mit Feuerwerk zugerichtet; legte einer in solchen Schönbart 3.fl.

Und waren dieser 93. Personen Namen, wie hernach folgen.

| | |
|---|---|
| Anthoni Tucher, | Hanns Groland, |
| Anthoni Ulstatt, | Hanns Paumhauer, |
| Anthoni Herdegen, | Hanns Mühlhofer, |
| Bernhard Hirschvogel, | Hanns Krafft, |
| Berthold Stromer, (⁵⁰) | Hanns Pückh, |
| Thoma Reichel, | Hanns Thumer, |
| Eustachius Rieter oder Ritter, | Hanns Haßler, |
| Eraßmus Peßler, | Hanns Gertner, |
| Endres Dockler, | Hanns Tucher, |
| Endres Dietrich, | Jörg von Kamnier, (⁵²) |
| Eberhard Schlüßelberger, | Jörg Holzschuher, |
| Erhard Marstaller, | Jörg Haller, |
| Fizenz Haller, | Gerhard Moll, (⁵³) |
| Hanns Kieshaber, | Gabriel Nüzel, |
| Hanns Ebner, | Jobst Schmidmer, |
| Hanns Schwelfer, | Jacob Groland, |
| Hanns Herbart, (⁵¹) | Jörg Mayr, (⁵⁴) |
| Hanns Lotter, | Jörg Kreß, |

Jhero-

(49) alii 10. fl.
(50) oder Waldstromer.
(51) vel Eberhart.

(52) alii Cammerer.
(53) oder Erhard Maler.
(54) oder May.

Jheronymus Rech,
Jörg Greulich,
Jörg Schweinfutter,
Jörg Fütterer,
Jörg Stammler,
Jörg Winkler,
Clement Karl,
Caspar Bergner,
Caspar Rapolt,
Caspar Bräunlein,
Kilian Wenzel,
Kilian Rudolff,
Cunz Wernlein,
Cunz Weiß,
Cunz Glockengieser,
Lucas Semler,
Leonhard von Ploben,
Lucas Paumgärtner,
Lorenz Rait,
Lienhard Gundelfinger,
(⁵⁵) Ludwig Alman von Lübeckh,
Ludwig Groß,
Melchior Pfinzing,
Michel Közler,
Merta Pregel oder Pregler,
Mertain Krafft,
Michel Melber,
Mertain Zollner,

Michel Hartmann,
Marx Anspach,
Mertain Löffelholz,
Niclaus Kolb,
Oßwald Krell,
Peter Im Hoff,
Paulus Im Hoff,
Berthold Strobel,
Paulus Haller,
Sigmund Pfinzing,
Stephan Gabler,
Sixt Toppler,
Steffan Behaim,
Steffan Paumgärtner,
Seyfried Kohler,
Seyfried Holzschuher,
Bastian Haller,
Wolff Közler,
Hanns Tucher,
Wolff Koler,
Wolff Behaim,
Wolff Kieshaber,
Wilhelm Haller,
Wolff Stromer,
Wolff Saurmann,
Uz Im Hoff,
Uz Herbart,
Voit Wolkenstein.

Nun haben sich allemal, die so in Schönbart geloffen, vermuthet und stattlich bewiesen, daß niemand in der Stadt, sich mit keinem

E

(55) alii Lübeck von Ala.

nem Schönbart, ohne Erlaubnis eines Erbarn Raths, hat dörfen
vermummen, wo sie solche betretten, bey Tag und Nacht, ihnen die
Schönbart abgerissen, genommen und sie übel gehalten.  Nun waren dazumal viele junger Kaufleuth, und reiche Wallonen, die wollten sich unter die Geschlecht nicht mengen, richteten eine sondere herrliche Faßnacht an, nemlich einen grossen Türkischen Kaiser, in seiner
Zierd, von Gold, Sammet und Seiden wohl bekleidet, der hatte
seine reutende Diener, etwan bis in die 60. Türken, darnach viel
tapfere Kaufleuth auch in Sammet, guldenen Stücken und Seiden
aufs köstlichste bekleidet, hatten Pferde gemacht den Kamelen gleich,
trugen köstliche Truhen, darinnen überaus köstliche theure Cleinod
von Gold und edlen Geld auch Steinen, andere ganze stuck Gold
und Silber, Sammet, Damast, Atlas, in Summa, die Wallonen
hatten ihre beste Kaufmannschaft zusammengebracht.  War so herrlich mit Trummeten und Pfeiffen, ob gleich ein natürlicher Fürst oder
König eingeritten wäre, mit etlichen 100. Personen.  Zogen von
Spittlerthor über den Markt, für das Rathhauß, da ein Erbar
Rath vorstunde; da legten sie ihre Güter und Schätze aus auf die
von Tapezerey bedeckten Tisch, so viel köstlicher Cleinod, so viel
guldner Stück, Sammet und Seiden, das nicht alles zube-
schreiben.  Damit verehreten sie den Türkischen Sultan zum Kauf,
der alles mit grosser Reverenz, Neigung und Bückung denen
Herren, so vor dem Rathhauß stunden, zuschickte; fürwahr alles
aufs zierlichst und tapferst gehandelt.  Als es schier zum Ende
gelangete, hatte der Schönbarts-Hauptmann mit andern ihre
Ausspäher, denn der Schönbart war in Steffan Paumgärtners Behaußung, und übersahen den ganzen Zug des Einreitens, schickten
einen Söldner zu ihnen, anfragende, woher sie Gewalt hätten, solches an Faßnachttag anzurichten, dieweil ihnen allein der Schönbart
von einem Erbarn Rath erlaubet, und sie ihn von den Fleischhackern
um ihr Geld bestanden: Ihnen wurde eine schlechte Antwort, da
stunde Sigmund Pfinzing und Berthold Strobel auf der Wart,
und sprachen: Lieben Gesellen! dieweil diese uns unsern Schönbart
stören, den wir theuer bestanden und um unser Geld uns darein gekleidet, so seyd alle frisch; wir wollen sie puzen und stecht sie waidlich
von den Pferden: Wollten sie uns zu stark werden, so lauft unsrer
Stuben zu, wir wollen uns wohl schützen, und ihr in rauhen Kleidern
lauft zuvor, macht Raum von Volk, und beharret, bis wir alle zusammen

sammen kommen. Alsdenn hauet und stechet sie von den Pferden,
wie ihr mögt, es seyn viel Wallonen unter ihnen, die haben kein
Herz. Das geschah. Da wurde von den Stratioten ein solch Flie-
hen mit ihren Pferden, die andern blieben und raumten zusammen,
daß nichts schadhafft würde; es rannten ihrer bey zehen ins Wolff
Hallers Haus, fielen von Pferden, liefen der Stiegen zu, andere
an andere Ort, aber die Herren von Rath waren erzürnet, und sonderlich Herr Endres Tucher, lief unter sie, rieß und stieße. Als nun
solcher Lermen gestillet war, lief der Schönbart seiner Stuben zu,
da tratt hinauf der junge Burgermeister, die Pfänder und etliche
Stadtknecht, verschlossen die Thür, forderten die Hauptleute und ge-
boten ihnen und allen, die dazumal auf der Stuben waren, ihre Schönbart abzuthun, und einen jeglichen zu erkennen zu geben, wer er wäre; da wurde durch einen Canzellisten aufgeschrieben (wie sie denn
vorhero nach der Länge, wer sie gewesen seyn, verzeichnet stehen). Es
wurde auch ihnen eine scharfe Rede von Burgermeister gethan, und
des dritten Tags wurden sie alle auf den Thurn gestraft, und ihrer
drey Tag droben vergessen, denn sie hattens gröblich verdient, auch
etliche Stratioten hatten ihnen zum Thor hinaus entreiten müssen.
Das ist geschehen zur Faßnacht, da obgemeldter Schönbart geloffen
in 1503ten Jahr.

In diesem Jahr zog auch zum heil. Grab, Graf Hermann von
Henneberg.

### Num. 45.

Anno 1504. waren Jörg von Kramer, (56) und Berthold Tab. VI.
(57) Strobel, Hauptmänner in Schönbart, ihrer waren 73. Fig. 45.
Männlein in Gelb und blau (58) gekleidet, liefen aus zum Milla
am Obs Markt, und war der Schönbart bestanden um 14. Gulden.

Die Höll waren 2. Thürne, die stürmeten die Narren, und
war verbrannt vor dem Rathhauß. In diesem Jahr kam der Pfalzgraff in die Acht, und fieng der Bayrische Krieg an.

Anno 1505. lief kein Schönbart, denn es war ein Sterb zu
Nürnberg.

*Num.*

(56) alii: Cämmerer.  
(57) oder: Bartholmä.  
(58) einige lesen: in gelb und grau, oder, in gelb und violbraun Tuch
gekleidet, mit blauen Gewächs und weissen Blümlein.

## Num. 46.

**Tab. VI.**
**Fig. 46.** Anno 1506. war Hanns Ebner, und Berthold Strobel, Hauptleut in Schönbart, waren 62. Männlein in eitel grün gekleidet, mit gelben Zügen; liefen aus in des Hanns Rieters Haus, bey den Fleischbänken, und bestunden den Schönbart um 12. (52) Gulden.

Die Höll war ein Schiff mit Narren, und war verbrennt. In diesem Jahr zu Mitfasten brannte das Lederhaus ab bey der Allmos-Mühl, und an St. Johannis - Tag brannte es im Zwinger beym Frauenthor.

## Num. 47.

**Tab. VII.**
**Fig. 47.** Anno 1507. waren Hauptleute in Schönbart Sigmund Führer, (60) und Berthold Strobel, der Männlein waren 40. in gelb und weiß gekleidet; liefen aus auf der Herrn Trinkstuben, über der Waag, und bestunden den Schönbart von den Metzgern um 10. Gulden.

Die Höll war ein Basilisk, legte einer ein 3½ fl.

## Num. 48.

**Tab. VII.**
**Fig. 48.** Anno 1508. war Seyfried Koler, und Sebastian Haller, Hauptleute in Schönbart, waren der Männlein 64. in weiß, braun und grün Tuch gekleidet; liefen aus auf der Herrn Trinkstuben, und wurde der Schönbart bestanden von den Metzgern um 12. Gulden.

Die Höll war ein grosser Mann, anderthalb Gaden hoch, der fraß Kinder, eines nach dem andern, war also verbrannt. In diesen Jahr fieng sich der Krieg an zwischen dem Kayser Maximilian und denen Venedigern. Es war das Parlament dies Jahr hier, und der Churfürst in Sachsen in eigener Person.

## Num. 49.

**Tab. VII.**
**Fig. 49.** Anno 1509. war der Hännslein Brößell, oder, wie andre lesen, Proffer. Hännlein Hauptmann in Schönbart; 13. Männlein in eitel weiß Tuch gekleidet, mit rothen und grünen Gewächs und gelben

(59) alii; 14. fl.                    (60) Andre lesen: Sigmund Pfinzing.

gelben Blümlein, liefen aus zum Prunner am Zottenberg, und beſtunden den Schönbart von den Metzgern um 10. fl, hatten keine Höll. Auch brannte in dieſem Jahr die Schleiffmühl am Steg ab.

### Num. 50.

Anno 1510. waren Berthold (⁶¹) Heller, und Chriſtoph Tezel, **Tab. VII.**
Hauptmänner in Schönbart, der Männlein 109. (⁶²) ſind be- **Fig. 50.**
kleidet geweſen in eitel roth Tuch mit gelben Blümlein mit weiſſen
Stengeln, und grün, gelb und blauen ſtrichen; ſie liefen aus auf der
Herrn Trinkſtuben ober der Waag, und wurde der Schönbart von
den Metzgern beſtanden um 12. (⁶³) Gulden.

Die Höll war ein Brunn, artig gezieret mit einem ſpringen-
den Waſſer, und legte einer ein 3. fl.

### Num. 51.

Anno 1511. waren Hanns (⁶⁴) Tucher, und Gabriel (⁶⁵) Peßler, **Tab. VII.**
Hauptleute in Schönbart, der Männlein waren 61. in goldgelb **Fig. 51.**
Tuch gekleidet, mit grüner Leinwand oder Atlas durchzogen; liefen
aus zum Hainzlein am Obs-Markt, ins Störn Hauß, und haben
den Schönbart von den Metzgern beſtanden um 12 Gulden. Die
Höll war ein Lindwurm mit 3 Köpfen.

Und zu dieſer Faſtnacht haben die Meſſerer ihren Schwerdtanz
in Nürnberg gehalten. Es iſt auch um Mitfaſten ein Erdbeben allhier geweſen.

### Num. 52.

Im 1512ten Jahr waren Hanns Tucher, und Gabriel Toppler, **Tab. VII.**
Schönbart-Hauptleute, und der Männlein 48, (⁶⁶) in eitel **Fig. 52.**
grau und Aſchenfarb (⁶⁷) gekleidet, mit rothen Durchzügen. Sie
liefen aus an der Zißelgaſſen ins Schopfers (⁶⁸) Haus genannt,
E 3 ward

---

(61) Einige ſetzen: Barthel.
(62) alii: 59.
(63) Manche Bücher leſen: 20 Gulden.
(64) Bey andern heißt er Berthold.
(65) Andre nennen ihn Barthel.

(66) alii: 46.
(67) Manche ſetzen: in violbraun Tuch,
mit weiſſen Strichen.
(68) Andre haben: Bey Hanns Schö-
ber.

ward bestanden von den Metzgern um 12 Gulden.  Die Höll waren
4 Kram-Läden wie ein Grempel-Markt, legt einer ein 3. Gulden.

### Num. 53.

Tab. VII.
Fig. 53.
Im Jahr 1513. war Jheronymus Peßler, Hauptmann in Schbu-
bart, waren der Männlein 39. in roth oder rosinfarb gekleidet,
mit goldfarben atlassenen Strichen verbrämt; liefen aus am Obs-
Markt zum Hainzlein ins Störn Haus, und haben den Schönbart
bestanden von den Metzgern um 12 Gulden.  Die Höll war ein
Brunn, und ein Back-Ofen dabey, darinnen wurden Narren ge-
bachen, es legte einer ein 3 Gulden.

In diesem Jahr machte Marggraff Casimir und die Stadt
Nürnberg einen Vertrag zu Vorchheimb, waren die Gesandten der
Bischoff von Bamberg und Graff Hanns von Schwarzberg, und
wegen Nürnberg Wilibald Pirkhaimer, Caspar Nüzel und Laza-
rus Spengler, Rath-Schreiber.

### Num. 54.

Tab. VIII.
Fig. 54.
Im Jahr 1514. waren Berthold (⁶⁹) Haller, und Christoph
Tezel, Hauptleut in Schönbart, und der Männlein 78. in eitel
gelben Wammeßern gekleidet, mit blauen atlassenen Strichen durchzogen, liefen aus von der Herrn Trink-Stuben, ober der Waag, und
haben den Schönbart bestanden von den Metzgern um 12 Gulden.

Die Höll war eine grosse Büchsen, daraus alte böse Weiber ge-
schossen wurden; legte einer 4½. Gulden.

In diesem Jahr war ein kalter Winter, währete die Kälte 11
Wochen an einander und 3 Täge.  Auch war in diesem Jahr eine
Aufruhr in Ungarn wider den Adel und auch in Land zu Würten-
berg von dem ormen Cunrad.

### Num. 55.

Tab. VIII.
Fig. 55.
Im 1515ten Jahr waren Schönbart-Hauptleute Hanns Tucher,
und Benedict Rumel, der Männlein 33, braun oder roth und
gelb gekleidet, mit weissen Atlas durchzogen; liefen aus von der
Herrn Trink-Stuben, ober der Waag, und bestunden von den
Metzgern den Schönbart um 12 Gulden.

Die

(69) manche lesen: Bartholmä.

Die Höll war eine Wind-Mühl, mit einem Storchs-Nest, und trug ein Esel Säck darein, worinnen Nüsse waren, die wurfen sie unter die Leute; es legte einer 3¾ Gulden.

In diesem Jahr war auch ein Stechen gehalten auf dem Markt von etlichen Burgern, die saßen auf Fässern, die lagen auf Schleif-fen, und hatten ströherne Harnisch, und Sturm-Hüte auf, und Stech-Stangen, wie sie die Fischer gebrauchen, damit stachen sie ein-ander von den Fäßern herab, und die Buben zogen die Schleiffen gegen einander.

Es brannte in diesem Jahr in einem Pulver-Hauß beym Wöhr-der-Thürlein und thät das Pulver grossen Schaden. Auch zog Kay-serl. Majestät und König zu Böheim zu Wien köstlich ein, und wur-den die Schweizer vor Mayland geschlagen, auch dem Herzog von Würtenberg sein Weib von einem Mönch entführet.

### Num. 56.

Anno 1516. waren Hauptleute in Schönbart Ulrich Haller, Jhe- Tab.VIII. ronymus Peßler, und Veit Schüz, ein Fleischhacker. Der Fig. 56. Männlein sind gewesen 80, gekleidet in eitel blau, mit weissen Herzen, und gelben Atlaßenen Strichen und Flammen, liefen aus (⁷⁰) zum Beern, in des Krebß Haus am alten Roßmarkt; und haben den Schönbart bestanden von den Metzgern um 12 Gulden. Die Höll war ein grosser Teufel, der fraß alte böse Weiber, gab einer für die Kleidung 2¼ Gulden.

In diesem Jahr d. 16 Januar. brannte die Dürren-Mühl bey der steinernen Brucken ab, und den 20 Octobr. ermeldten Jahrs ge-schah der Schad vor dem Thiergärtner Thor mit einer neuen Büch-sen, der Löw genannt, welche eine Kugel von 37 Pfund schos, wur-den bey 50 Menschen beschädiget und 6 blieben tod, dann als man die Büchse lud, gieng das Pulver an.

### Num. 57.

Anno 1517. war Arnold von Thill, Hauptmann in Schönbart, Tab VIII. der Männlein waren (⁷¹) 42, bekleidet in braun roth Tuch mit Fig. 57. grünen Atlas durchzogen, und liefen aus zum Prunner am Zotten-berg,

(70) alii: bey dem Hanns Köbler.          (71) Manche geben nur 33 an.

berg, kauften den Schönbart von den Metzgern um 12 Gulden, und legte einer 3 Gulden ein.

Die Höll war ein Haus, einem Wild-Haus gleich, in einem grünen Wald, mit Bäumen gezieret, war also verbrannt.

### Num. 58.

Tab.VIII.
Fig. 58.

Anno 1518 sind **Lorenz Straiber, Ulrich Haller** und **Hanns Tucher**, Hauptleute in Schönbart gewesen; sie liefen aus von der Herren-Trink-Stuben, und gaben den Metzgern 12 Gulden.

Die Höll war ein Venus-Berg, und waren die Männlein gekleidet in gelb, roth und weiß Tuch, mit Atlas durchzogen, an der Zahl 90, wovon sich folgende aufgezeichnet befinden:

Lorenz Tucher,
Hanns Geuder,
Merta Pfinzing,
Endres Im Hoff,
Lux Straub,
Hanns Schnoedt,
Hanns Schraub,
Hanns Linkh,
Jörg Diether,
Cunz Sawmann,
Bernhard Paumgärtner,
Franz Rotenmundt,
Jörg Schlaurspach,
Hanns Umbgaw,
Merta Franz,
N. Welser,
Sebald Schwarz,
Heinrich Meixner,
Hanns Puchler,
N. Praunengel,

Jörg Volckamer,
N. Melber,
Hanns Gabner,
Bastian Kolb,
Hanns Ernberger,
Christoff Widner,
Lorenz Waidner,
Jörg Közler,
Benedict Widmann,
Balthas Prebetsch,
Bastian Kobler,
Sebald Geiger,
Endres Wolgemut,
Sebald Weilland,
Niclaus Wolckenstain,
Merta Weis,
Christoff Lochner,
Hanns Trobing,
Jörg Höffler,
Enderle Ayden,

Hanns

Hanns Haas,

Friederich Stauf,

Melcher Urbach,

Melcher Trechsel,

Bernhard Raufenspreg,

Jörg Herl,

Johann Büchner,

Jörg Wegalem,

N. Bayer,

Endres Volckhamer,

Jheronymus Wolff Im Hoff,

Hanns Brunner,

N. Maisenpauer,

N. Schober,

N. Panckher,

Hanns Arnolt,

Ulrich Haller,

Hanns Pinter,

Daniel Mair,

N. Lynlen,

Lorenz Maurer,

Philipp Sellner,

Hanns Cunrad,

Jheronymus Worl,

Sebastian Ayrer,

Bernhard Glasel,

Hanns Glaser,

Endres Fürmair,

Ambrosi Gleler,

Wendel Rößner,

Endres von Rom,

Hanns Glockengiesser,

Daschner am Markh,

Sebald Staiber,

N. Paumgärtner,

Gebrg Kezel,

N. Hegner,

Immerlein von Regenspurg,

Ulrich Pallerdiner,

Pfender Herman,

Hanns Berharner,

N. Pfeiffer,

N. Merta,

Hanns Tucher.

Auch so hat ein Erber Rath damals ein Mahl gehalten auf der Herren Stuben, so von den Hauptleuten verwaltet worden, 25 Tisch in der untern Stuben, und denn 7 Tisch in der obern Stuben mit Personen. Geschah am Sonntag nach St. Paulus Tag. Seynd der Manns-Bilder 120, und der Frauen und Jungfrauen 139 gespeiset worden.

In diesem Jahr lief noch eine andre Parthey, derer waren 24, theils in rauhen Kleidern, theils auch in Weibs-Kleidern.

Auch war in diesem Jahr ein Reichs-Tag zu Nürnberg, und hat Marggraff Casimir Hochzeit darauf gehabt. In diesem Jahr

F

kriegte

kriegte Franz von Sickingen wider den Landgraff von Hessen, Worms und andere Städte. Es zogen auch die Böhmen wider die Pfalz, und hatte der Herzog von Würtenberg eine Fehd mit dem Kayser, es wurde aber auf diesem Reichs-Tag verglichen. Auch starb in diesem Jahr Kayser Maximilian zu Wels.

Anno 1519. lief kein Schönbart, denn der römische Kaiser war gestorben.

Anno 1519. nahm Herzog Ulrich zu Würtenberg Reutlingen ein, und ward deshalben vom schwäbischen Bund überzogen. Es brannten in diesem Jahr 7 Häußer in der Weißgerber-Gaße ab.

### Num. 59.

**Tab. VIII.**
**Fig. 59.**
Anno 1520. waren Christoph von ([72]) Cammer, Paulus Grundherr, und Wolff Pömer, Hauptleute in Schönbart, der Männlein 66 ([73]) gekleidet in leibfarb, weiß und grün Tuch, und liefen auf der Herren Trink-Stuben aus, haben den Schönbart bestanden von den Metzgern um 12 Gulden, und legte einer ein 5½ Gulden.

Diesmal hatten sie auch eine Höll, die war eine Sommerlauben, assen und tranken Narren und Teufel darinnen, war also verbrannt.

In diesem Jahr war König Karl von Hispanien zu Aachen zum Kayser gekrönt; ingleichen war ein Sterb zu Nürnberg und krieget der Pohlen König wider die Preussen. Auch nahm der König von Dänemark das Königreich Schweden ein, und hielt D. Martin Luther mit D. Ecken eine Disputation zu Leipzig.

### Num. 60.

**Tab. IX.**
**Fig 60.**
Anno 1521. sind Hauptleute in Schönbart gewesen Jheronymus Tucher, und Anthoni Koburger, liefen von der Herren Trinkstuben auf der Waag aus, in eitel weiß gekleidet, mit grünen Atlas durchzogen, und mit einem rothen und mit einem gelben Strumpf. Der Männlein waren 58. ([74]) und haben den Schönbart bestanden von denen Fleischhackern um 12. Gulden, muste einer geben 4. fl. Die Höll war ein Vogelheerd, darauf man Narren fieng.

In

---

72) Einige lesen: Hanns Krömer.
73) Etliche geben 80 Personen an.

(74) In manchen Büchern stehen nur 45 auch 50.

In diesem Jahr ist auch mit herum gelausen ein wilder Mann ziemlicher Größ, der hatte einen starken Baum über der Achsel getragen, daran hat er einen Mann gebunden gehabt, so er gefangen hat, und neben ihm lief ein wildes Weib, die hat in beeden Händen Kinder gehabt, als wenn sie dieselben fressen wollte, wie bey Tab. X. Fig. 64ᵃ 64ᵇ ersichtlich.

Bey dem wilden Mann lieset man in denen Schönbartsbüchern folgende Reimen:

> In eines wilden Manns G'stalt ich,
> Bey dem Schönbart ließ finden mich.

Bey dem wilden Weib sind zu lesen die Reimen:

> Dieweil mein Mann sich macht auf d'Straßen,
> Will ich ihm folgen gleichermassen.

Und war in diesem Jahr ein Reichstag zu Nürnberg. Es erschien D. Martin Luther vor Kays. Majestät und den Ständen des Reichs zu Worms, und gab seiner Lehr Rechenschaft. Es gewann der Türk griechisch Weissenburg in Ungarn, und zog in diesem Jahr Samstag vor Lorenzi König Ferdinand aus, zogen ihm aus der Stadt entgegen 300. wohlgerüste Pferd, bey 3000. zu Fuß mit Geschüz bis am Siechgraben und waren Triumphbögen mit einem Adler und andern Wappen aufgerichtet.

### Num. 61.

Anno 1522. waren Sebastian Haller, und Bruno Engel, (75) Tab. IX. Fig. 61. Hauptleute in Schönbart, gekleidet in halb roth, und die andre Helffte in roth, gelb und grün Tuch, etliche hattens von Atlas; der Männlein waren 88, (76) liefen von der Herren Trinkstuben auf der Waag aus, da sie von den Metzgern den Schönbart bestanden um 12 Gulden.

Die Höll war ein Narr in einem Schloß, saß und fraß Kinder, war also verbrannt; es legte einer ein 5¼ Gulden.

In dieser Faßnacht ist auch unter dem Schönbart einer herum gelauten in einem Wolfs-Kleid, und hatte einen Wolfs-Kopf gehabt,

F 2

trug

(75) Manche lesen: Bruno Hengel,     (76) alii: 85.
    Andere: Praunengel.

trug in der Hand ein Kind, gleichsam als wenn er die Kinder fressen wollte; von diesem liefet man in einigen Schönbart-Büchern nachstehende Reimen:

> In dieser meiner rauhen Waar,
>
> Lief ich auch zu dem Schönbart dar.

Die Abbildung ist auf der X. Kupfer-Tafel, Fig. 64. d.

In diesem Jahr gewann der Kayser Karl Mayland, und war in diesem Jahr von den Kayserlichen die Stadt Genua eingenommen und geplündert, auch zog Franz von Sickingen dem Bischoffen von Trier ins Land, gewann die Stadt Wendel, und thät ihme grossen Schaden im Land.

Es vertrugen sich auch in diesem Jahr die Pfälzischen mit Nürnberg von wegen der eingenommenen Flecken.

### Num. 62.

Tab. IX. Fig. 62.a. Anno 1523. waren Hanns Tucher, und Mertin von Ploben, Hauptleute in Schönbart, waren der Männlein 48, (77) gekleidet in halb grün, die andere Helffte weiß und rothe Strich von Tuch, etliche von Atlas. Sie liefen von der Herren Trink-Stuben auf der Waag aus, und haben den Schönbart bestanden von den Metzgern um 12 Gulden.

Die Höll war wie ein Schloß mit 4 Erkern, oben offen, da ließ sich ein Rad sehen, da fuhren die Narren einer auf, der andre nieder, und wurde also verbrannt.

Tab. IX. Fig. 62.b. Auch machte einer ein grosses Auffsehen, der in einem Kleide lief, so von lauter Ablas-Briefen mit daran hangenden Siegeln zusammengesetzet war, dergleichen Brief er auch in der Hand trug. Die Schönbart-Bücher enthalten folgende Reimen davon:

> Ich was umhängt mit Ablaß-Brieff,
>
> Also ich mit dem Schönbart lief.

Auf dem Brief in der Hand war geschrieben:

> Viel seltzam Gedicht,
>
> Und alte Geschicht.

Auf

(77) Andere geben 52 Personen an.

Auf denen Ablaß-Briefen an den Armen und um den Leib waren folgende Reimen.

Hierinn man find
Mancherley feltzam Gefind
Die fich haben begeben
In der Faßnacht Leben.
Wer nun folchs alles wiffen will,
Leß meine Brieff, wird finden viel;
Wie fich die Faßnacht-Brüder gut
Gehalten haben bey guten Muth.
Da fie alle frölich waren,
Ein jeder wollt feyn das nächst beym Barn.
Ein jeder macht es auf das beft,
Sie waren alle frölich Gäft.

In diefem Jahr gewann der Türk Rhodis, und war ein Reichs-Tag zu Nürnberg, darauf waren viel Bifchöffe. Es war auch der König in Dännemark von feinem Königreich vertrieben, und ift in diefem Jahr Franz von Sickingen in einem Schloß, Anstab genannt, erfchoffen worden, darinnen er von der Pfalz, Heffen und Trier belagert wurde. Auch zog in diefem Jahr der Schwäbifch Bund in 5 Fürsten Länder, zerbrache und verbrannte 23 Raub-Schlöffer.

## Num. 63.

Anno 1524. waren Hauptleute in Schönbart Paulus Grundherr, Tab. IX. Hanns Rieter, Endres Volckhard, und Hanns Prüller, [78] Fig. 63. liefen von der Herren Trink-Stuben auf der Waag [79] aus; der Männlein waren 72, [80] gekleidet in halb gelb mit grünen Strichen, und die andre Helfte roth und weiß gut Tuch, etliche auch von

At-

[78] Einige Bücher lefen nur 3 Hauptleute, nemlich: Paulus Grundherr, Hanns Rieter, und Endres Volckhard, welcher leztere auch Andreß Wölker, und Hanns Vocker gelefen wird.
[79] andere haben: beym Arnold König.
[80] manche geben nur 40 Perfonen an.

Atlas. Es gab einer 5 ½ Gulden, von den Metzgern aber wurde der Schönbart bestanden um 12 Gulden.

Die Höll war ein Elephant mit einem Schloß, die Männer darinnen schoffen mit Feuer-Werk, und war also vor dem Rath-Hauß verbrannt, davon fiel einer ins Feuer, und am 3ten Tag sturb er.

In diesem Jahr ist abermals mit herumgelaufen einer in einem grünen zottigten Kleide, wie ein wilder Mann, der ist voller Spiegel behängt gewesen, wie die Fig. 64 d auf der X. Tafel ausweiset, und lieset man von selbigen in einigen Schönbart-Büchern folgende Reimen:

Von Tannenlaub und Spiegeln clar
Ich auch ein Zier dem Schönbart war.

In diesem Jahr war zu Nürnberg das Cammer-Gericht und das Kayserlich Regiment gehalten.

### Num. 64.

**Tab. IX.** Anno 1539. d. 17. und 18. Februarii war ein grosser Schönbart,
**Fig. 64.** dessen Hauptleute waren, Jacob Muffel, Joachim Tezel, und Martin von Ploben. Ihrer waren bey 150, (81) gekleidet in ganz Atlas, einem Weiber-Wammes, mit gelben und blauen Steichen, Rautenweiß auf den Ermeln, die Schnitt an den Hosen waren gelb und braun, der Durchzug und die Strümpfe weiß. Sie hatten weisse Hüte auf, mit einem güldenen Flügel, liefen auf der Herrn Trink-Stuben über der Waag aus, war gleich ein seltzames Spectacul, denn sie waren in 15 Jahren nicht geloffen, und hatten eine grosse Höll, wie ein Schiff, auf Rädern, von Roth-Schmids und Messerers Buben gezogen, darinn stund ein feister Pfaff in der Mitte, ein Bret-Spiel in der Hand haltend, und ein Doctor, und ein Narr neben ihme auf beeden Seiten; befanden sich auch darinnen allerhand Narren und Teufel, und oben auf ein Stern-Seher; diese Höll brachten sie für das Rath-Hauß, und stürmeten sie, gaben den Metzgern 20 Gulden.

Der

(81) Andere geben an 135 Personen und 3 Trommeter.

Der Pfaff soll D. Osiandern ganz ähnlich gesehen haben, daher sich auch derselbe bey Rath beklaget hat, und hierauf die Satisfaction erhalten, daß die Schönbarts-Hauptleute auf den Thurn gesperret, und das Schönbartlaufen von nun an verbotten war.

Das ist nun der 64ste und letzte Schönbart gewesen, so von Anfang des 1449sten Jahrs, bis auf das Jahr 1539. allhier zu Nürnberg geloffen.

Bey diesem Schönbartlaufen fanden sich auch schöne und wohlgezierte Holzmännlein und Holzfräulein, deren Führer war Albrecht Scheurl, wovon die auf sie gestellte Reimen oben bey num. 60. zu Ende ersichtlich.

Tab. X. Fig. 64ᵃ. 64 b.

In der Faßnacht haben auch die Plattner auf dem Markt, und vor etlichen Häußern gestochen, die haben Harnisch angehabt, und seyn auf Schlitten gesessen, daran haben viel Buben gezogen.

Auch lief zur selbigen Zeit das indianische Weib mit dem Kastanienkleide, wovon sich in denen Schönbartbüchern nachstehende Reimen vorfinden:

Tab. X. Fig. 64ᶜ.

Mein Kleidung was von Kesten ganz,
Darinn ich ziert den Schönbart-Tanz.

So lief ferner mit ein Mann mit einem Wolfskleid und einen Wolfs-Kopf habend, dessen oben bey num. 61. am Ende bereits gedacht worden.

Tab. X Fig. 64

Es liessen sich auch um solche Zeit blicken etliche in Teufels-Larven, ein Alter und ein Junger. Von denen man in den Schönbart-Büchern folgende Reimen lieset:

Tab. X. Fig. 64ᵉ. 64ᵉ.

In solcher Kleidung trat herein
Ich und der liebste Sohne mein.

Eine Abbildung einer andern Gestalt stehet auf der X. Tafel, Fig. 64. f, wovon nachstehende Reimen in manchen Schönbart-Büchern anzutreffen:

Tab. X. Fig. 64 f.

Mit diesen zweyen Glocken hab
Der Faßnacht ich geläut zum Grab.

Und des wilden Manns, der mit Spiegeln behängt gewesen, ist oben bey num. 63. Erwähnung beschehen, wovon sich die Abbildung Tab. X. Fig. 64 g. zeiget.

Tab. X. Fig. 64 g.

Son-

Sonsten aber finden sich in einigen Schönbart-Büchern noch etliche Abbildungen einiger, so in verschiedenen Jahren, und sonderlich von Anno 1518. an, in Schönbart mit untergelaufen und eingemischet worden sind, davon dermalen nur eine kurze in gedachten Büchern mit angefügte Beschreibung folgen soll, als:

### 1.)

Hanns Lochhausers Gesellschaft, in roth bekleidet, und ein Schloß auf dem Kopf, voll Feuerwerk.

### 2.)

Dieser in einer Teufels-Gestalt, trug eine Truhe auf dem Rücken, wenn er unten zog, fuhr ein Teufel und ein altes Weib heraus und schlugen einander.

### 3.)

Dieser in eines alten Weibs-Gestalt, trug eine Buden auf dem Rucken, und fuhr eine Bad-Magd heraus.

### 4.)

Diese waren bekleidet in gelb Atlas, darüber vergittert, in jedem Feld ein guldener Stern.

Sebastian Hoffmann.　　　　Caspar Ganser.

### 5.)

Diese ganz schwarz, mit eitel neuen Nürnberger Pfenningen.

Caspar Ganser.　　　　C. Zeulein.

### 6.)

Diese in Carmosin rothen Sammet, mit langen Zotten, 2. Finger lang.

Gastel Fugger.　　　　Georg Hoffmann.

### 7.)

Diese in Mohren-Gestalt, mit einer Deck, weis, blau und Leib-Farb.

Sebald. Geuder.　　　　Leonhard Hirschvogel.

8.)

8 )

Die Kleidung schwarz, die Zwerchstrich von grüner Flittseiden, darzwischen von Drath gezogen gelbe Borten, darzwischen allerhand Thiere.

Georg Hoffmann.                    Hanns Topel.

9.)

Diese in allerley Farben Flittseiden gekleidet, gleich einem Papagey, dollet übereinander geheftet, roth, weis, blau, gelb, braun, grün.

Georg Hoffmann.                    Michel Schweicker.

10.)

Diese in Haarfarb gekleidet mit guldenen Flinderlein an langen Dräthen angeheftet, eines Fingers breit.

Castel Fugger.

11.)

Der ganze Leib mit Karten - Häußlein.

Nicolaus Tucher.                    Ulrich Haller.

12.)

Etliche seynd gelaufen in eitel Würfel.

13.)

Diese waren gekleidet in Färbers - Wollen, die eine Seite blau, die andre roth und weiß.

Christoph Kreß.                    Jobst Haller.

14.)

Diese in grün Flittseiden, mit vergoldeten Eichelein und Tann-Zäpflein.

Anthoni Zollner.                    Georg Tucher.

15.)

In schwarz gekleidet, mit hölzernen Docken, und papiernen Negelein.

Sebald Geiger.                    Georg Schenck.

16.)

Das Kleid Purpurfarb, die Pfauen - Federn in ihrer Farb.

Sebastian Hanolt.                    Lauf Genger.

G

17.)

17.)

Das ganze Kleid grün, zerschnitten übereinander geschlagen, an jedem Schnitt ein goldenes Flinderlein, dies ist das leichteste Kleid in Schönbart gewesen, und lustig gestanden.

Caspar Busch.                    Christoph Junker.

18.)

Diese in blau Färbers-Wollen gekleidet.

Meister Paulus Behaim.          N. N. ein Dickweber.

19.)

In ganz roth Taffet gekleidet, mit weissen Borten übergittert, mit gelben Löwenköpfen, und Ringlein im Maul.

Lorenz Spengler.               Wolff Dürr, Schneider.

Noch finden sich in einigen vollständigen Schönbart-Büchern Gemählde von vermummten Gesellschafften, mit kurzen Beschreibungen in alten Reimen, welche man noch mit anschliessen wollen, als nemlich:

A.

Etlich ehrlich Personen gut,
Bedachten sich aus ringen Muth,
Daß sie zu einer Kurzweil recht,
Wollten gehen als die Pfaffen-Knecht,
Wenn sie wollen zur Kirchen gan,
Daß sie haben ihre Chor-Röck an.
Und stellen sich ganz einsam gar,
Seynd doch Böswicht an Haut und Haar.
Die giengen gleichfalls auch beym Tag,
In der Faßnacht, als ich dir sag.

B.

Das Gschmeis die Jesuiten genannt,
In aller Welt ganz wohl bekannt,
Als sie in ihrem Habit seyn,
Kamen etlich gut Gesellen überein,

Sich

Sich gleichfalls also zu vermummten,
Da sie nun überein sein Kumen,
Mit guter muß ganz wohlbedacht,
Zu gehen in der Faßnacht,
Beym hellen Tag wohl in der Stadt,
Wie mancher Mann gesehen hat.

### C.

Frisch und frölich ganz wohl bedacht,
Ein Gesellschaft gieng zur Faßnacht,
Als die Berg Knapen kleidet frey,
In ihrer Manier und Lieberey.
Löblich seyn die Berghauer schon,
Wegen ihrer Arbeit Lobeson.
Sonderlichen aber zu der Zeit,
Ihre Stimm ein das Herz erfreut.
Ein grober Flegel ungemuth,
Die Berg-Arbeiter verachten thut.

### D.

Fuhrleut seynd rechte arme Leuth,
Die machen den Lederern viel Roßheut,
Dies thut ihr größte Freud doch seyn,
Wenn sie kommen in d' Stadt herein,
So sprechen sie den Abladern zu,
Daß man ihn bald abladen thu;
Denn gehens mit einander frey,
Zum Wein, seyn ganz lustig dabey,
In ihrem Habit wohl bedacht,
Gieng ein Gesellschaft zur Faßnacht.

### E.

Die Rothschmid, als man ganz wohl weiß,
Haben allhier in Nürnberg den Preiß,

Daß

Daß sie ganz frisch und lustig seyn,
Trinken gern Bier, doch lieber den Wein;
Wie es denn die Erfahrung gibt,
Seyn allezeit gute Gesellen mit.
Derentwegen aus freyen Muth,
Etliche Kaufmanns Gesellen gut,
Giengen beym hellen lichten Tag,
In Rothschmids Kleidung zur Faßnacht.

### F.

Ein Gesellschafft wohl bedacht,
Beschloßen sich zur Faßenacht,
Sich zu bekleiden als die Jäger,
Dies auch beschah von Ihnen weger.
Ihr Kleidung war von grünen Tuch,
Jeder ein Rohr über die Achsel trug,
Hätten all halbe Stiefel an,
Als das Gemähl zeiget schon.

### G.

Ein gute Gesellschaft sich bedacht,
Zu gehen in der Faßenacht.
Und waren derselb vier persohn,
Die zogen weis Münchs Kutten an.
Hätten auch ein Nönnlein bey der Hand,
Solche führten sie mit Verstand.
Hätten der Fackel tragen vier,
Als das Gemähl dann zeiget dir.

### H.

Also giengen noch zu der Zeit
Vor wenig Jahren die Schiffleut,
Zur Faßnacht in der Mummerey,

Leib-

Leibfarb und gelb gekleidet frey.
Aber nur von leinen Gewandt,
Wie es gebührte ihrem Standt.
Trugen mit sich die Ruder gut
Alsdann dies Gemähl ausweisen thut.

## I.

Ein gute Comgagnie weger
Waren gekleidet als die Jäger,
In ganz grün mit Schweinspiessen,
Welche sie trugen an verdrissen.
Ihr Kleidung war von leinen Tuch,
Die trugen sie mit guten fug,
Also wohl in der Mummerey,
Wie das Gemähl dir zeiget frey.

## K.

Ein ehrlich Mann vor wenig Jahren,
Ziemlicher Kurzweil wohl erfahren,
Der richtet an eine Mummerey,
Mit Münch und Nönnlein beederley.
Trugen weis Kutten und schwarz Schapler,
Zween Narren giengen vor ihnen her.
Wie du denn siehest selbst eigen,
Und dir das Gemähl thut zeigen.

## L.

Ein stattlich Gesellschaft unverdrossen,
Haben sich verglichen und beschlossen
Zu gehen in der Mummerey,
Als die Ungarn gekleidet frey.
Ihr Kleidung war roth wüllen Tuch,
Grün seidene Mändel und gelbe Schuch,

G 3

Mit

Mit Ungarischen Hüten, weiß Federn von Strauß
Alsdenn dies Gemähl zeiget aus.

### M.

In Mummerey zur Faßenacht
Ein ehrlich Gesellschaft sich bedacht,
Zu gehen als die Mönchen herein,
Angethan in grauer Kutten fein.
Deren acht an der Zahl waren,
Umgürtet mit Stricken von Haaren,
Die Kutten war von perpetuan
Als das Gemähl dir zeigt an.

### N.

Noch mehr ein gut Gesellschaft
Waren mit grossen Eifer behafft,
Auch in der Mummerey zu gan,
Kleideten sich als Schiffleut an,
In Himmelblau leinen Gewand
Güldene Stern darauf zu Hand,
Ganz artlichen gemahlet waren,
Wie das Gemähl thut offenbahren.

### O.

Ein löblich Gesellschaft wohlbekanndt
Vereinigten sich da zur Hand,
Zu gehen in der Mummerey,
Die thäten sich schön kleiden frey,
In Taffet, als die lichten Mohren,
Mit ein Zwerg und Zwergin auserkohren.
Waren wohl weerth sie zu besehen
Als das Gemähl hie thut versehen.

P.

### P.

Abermahls ein Gesellschaft wohl bedacht,
Verglichen sich zur Faßnacht,
Zu gehen in der Mummerey.
Die waren schön gekleidet frey,
Als Ungarn in roth wüllen Gewand,
Hätten leibfarb Taffet-Röck zur Hand.
Trugen in Händen ihre Scheckan
Als das Gemähl dir zeiget an.

### Q.

In der Faßnacht da gienge frey
Ein Gesellschaft in der Mummerey,
Die waren kleidt als fremde Bauren,
Und führten mit sich ohne Trauren
Vier schöner junger Bäurin
Die waren all geringes Sinn.
Wie sie in Kleidung waren angethan
Dies zeigt dir das Gemähl an.

### R.

In dem Geschlecht ein G'sellschaft war
Die sich verglichen lauter und klar,
Ihn schöne Kleidung zu machen lan
Darmit in der Mummerey zu gan.
Waren gekleit als die Ungern,
Anzusehen lieblich und schön.
In Händen trugen sie pusican,
Als das Gemähl dir zeiget an.

### S.

Nochmals begab sich zu der Zeit,
Daß ein Gesellschafft als Schiffleut

Sich

Sich kleideten in blau leinen Gewand,
Darauf liesens mahlen zu haud,
Silbern Stern mit ganzen Fleiß,
Dadurch bekamen sie gros Preiß,
Trugen über die Achsel ihre Ruder schon
Als die Figuren zeigen an.

### T.

Zur Faßnacht in der Mummerey
Untern G'schlecht und Kauffleuten frey
Da gieng ein G'sellschafft ohn rumoren,
Waren bekleidt als schwarze Mohren.
Doppel-Taffet war ihr Gewand,
Trugen Pfeil und Bogen in der Hand.
Hätten ganz stattliche Cleinod gutt
Als das Gemähl anzeigen thutt.

### V.

Ein vertraut G'sellschafft wohl bekanndt
Die kleidet sich in Bauren Gewand,
Und hätt jeder eine Bäurin,
Die führten sie mit ihnen herimb.
Ihr Tanzen gar ganz wohl anstund,
Waren hurtig auch darzu Rund
Und wie dieselben kleidet waren,
Thut dir das Gemähl offenbaren.

Von

# Von
# Gesellen = Stechen.

Dieweil dieses hievor bemeldtes Schönbart = Buch in Kurzweil zu lesen gemacht, ist nicht
unnöthig, auch anzuzeigen, mit was Übung der Ritterspiel von Kaysern, Königen, und Herren, auch die jungen
Burgere von Adelichen Erbarn und alten Geschlechten dieser
Stadt, in Thurnieren, Rennen, Stechen, auch etlich Kämpf,
hier in Nürnberg, sich gebraucht haben. Das so viel ich
erfahren hab mögen, von Jahren zu Jahren ist
angezeiget worden, benebenst dem
Schönbart.

Wie

## Wie Kayser Heinrich VI. einen Thurnier hieher gen Nürnberg gelegt hat.

A. 1197. Nach Christi Geburt Tausend, Hundert, sieben und neunzig Jahr, legte Kayser Heinrich der VI. seines Nahmens, Römischer Kayser, König zu Neapolis, Sicilien und Sardinia, Herzog zu Schwaben, ein Sohn des ersten Kaysers Friederichs, einen Thurnier gen Nürnberg, um dreyer Ursach willen. Die erste war, daß er der Meynung wäre, sich etliche Zeit aus dem Reich zu begeben, sein Erbreich und Fürstenthum auch in ein Regiment zu bringen, und die zu Frieden zu stellen, damit sein Reich und Erbland nicht versäumet wurde. Die andere war, daß noch etliche Fürsten in Reich, die mit ihme zugleich nicht einziehen wollten, auch zuvor wieder seinen Vatter Kayser Friederich gewesen waren, welche er gern, doch gütlich wieder in des Reichs Gehorsam gebracht hätte. Die dritte Ursach war, daß Nürnberg, darvor in kurzen Jahren, durch die Kayserliche Krieg und Zwytracht zwischen dem Vatter und Sohn, so hart verderbt und zerschleift worden, dadurch wiederum aufzurichten.

Um gemeldter Ursachen willen lies Kayser Heinrich diesen Thurnier gen Nürnberg legen. Schriebe darauf den Landsassen umher, daß sie denselben bestellten und ausschrieben. Darauf sie 6. zu einem Ausschuß verordneten, die gen Nürnberg reiten und alle Ding bestellen sollten, mit Nahmen, wie hernach folgt:

Herr Wilhelm von Grumpach, Ritter.
, , Arnold von Schaumberg.
, , Friederich von Seinßheim.
, , Wolff Fuchs der ältere, Ritter.
, , Heinrich von Ebenheim.
, , Wolffram von Rothenhan.

Diese 6. ritten, als Besteller und Vorlaufer aus Befehl Kayserl. Majestät, und der Ritterschafft des Landes zu Franken, gen Nürnberg, und zeigten das Fürnehmen Kayserl. Majestät einem Erbarn Rath daselbst an, welches Burgermeister und Rath, daß sie also von gemeines Nutzens wegen gnädiglich bedacht würden, von Kayserl. Majestät und den Werbern, an statt der Ritterschafft zu Franken mit unterthänigen und guten Willen, zu Dank annahmen, und sagten darauf gemeldten Werbern zu, alle Freyheit, Ordnung, Gleit,

und

und was ihnen zu solchem Ritterspiel nöthig seyn wurde, mit Erbietung ihres Vermögens, in aller Bestellung hülfflich zu seyn. Darauf die vorangezeigten 6. Werber Herberg, Thurnier-Platz, Gleit, und alles bestellten, so zu solchen Triumph und Ritterspiel dienet, und als sie alle Ding geordnet und wohl versehen hatten, beschlossen Sie mit den Herrn von Nürnberg, daß Sie den Thurnier in Nahmen Kayserl. Majestät ausschreiben sollten, das den alsbald geschah, schrieben auch gemeldten Thurnier aus, und ließen denn, nach alter hergebrachter löblicher Freyheit und Gewohnheit allenthalben, in des H. Reichs 4. Landen beruffen und verkünden, besonders ihren Herren und guten Freunden den Thurniergenossen. Also welcher gemeldten Thurnier besuchen wollt, der möchte auf den nächsten Sonntag nach unser Frauen Lichtmeß des Jahrs 1'98. zu Nürnberg in der Herberg erscheinen, sich auch bereiten, und auf den Dienstag nach Gelegenheit der Sachen thurnieren.

Nachdem aber die Kayserl. Majestät etliche Fürsten und Stände in sondern Geschäfften des gemeinen Reichs Nutz, zu Ihrer Majestät, der gedachten Thurnier-Zeit, gen Nürnberg erfordert hätte, das gab Ursach, die Herberg so vielmehr zusammen zu rucken, doch wurde ein jeder nach seinen Ehren wohlbewirthet und beherberget; darum diesen Thurnier nachfolgende Fürsten, Grafen, Freyherren, Ritter und die von Adel, alle in eigener Persohn besuchet haben und selbst geritten.

### Die Namen der Fürsten, so bemeldten Thurnier selbst besuchet haben.

Heinrich, Herzog zu Sachsen und Bayern, der Hoffärtige genannt.
Wenzlau, Marggraff zu Mähren.
Hermann, Landgraff in Thüringen.
Conrad, Marggraff zu Laußnitz, und Graff zu Rochlitz.
Werner, Marggraff zu Hochberg.
Friderich, Herzog zu Böheim.
Ludwig, Herzog in Bayern.
Lützelmann, Herzog zu Deck.
Berthold, Herzog zu Meran.
Rudolff, Marggraff zu Baden.

H 2

Dein-

Heinrich, Marggraff zu Rumßberg.
Poppo, Graff und Herr zu Hennenberg.

## Die Graffen.

Arnold, Graff zu Cleve.
Friederich, Graff zu Orlamündt.
Berthold, Graff zu Vachburg.
Berthold, Graff zu Hohenbogen.
Altmann, Graff zu Abensperg.
Dietrich, Graff zu Hall.
Berthold, Graff zu Lechsmundt.
Conrad, Graff zu Moßberg.
Gebhard, Graff zu Hirschberg.
Eberhard, Graff zu Dornberg.
Gebhard, Graff zu Roteneck.
Berthold, Graff zu Grißbach.
Ulrich, Graff von Stein auf den Nordgau.
Conrad, Graff von Weißenhorn.
Gerlach, Graff zu Naßau.
Lamprecht, Graff zu Fehringen.
Heinrich, Graff zu Reneck.
Albrecht, Graff zu Düllingen.
Reinhard, Graff zu Hanau.
Ludwig, Graff zu Pfürdt.
Albrecht, Graff zu Wertheim.
Rudolff, Graff zu Montforth.
Friederich, Graff zu Freyburg.
Heinrich, Graff zu Wertenberg.
Johann, Graff zu Helffenstein.
Gebhard, Graff zu Hohenlohe.
Siegmund, Graff zu Gleichen.
Johann, Graff zu Castell.
Philipp, Graff zu Hohendrüchading.

## Die Freyherren.

Heinrich Reuß, Freyherr zu Plauen.
Gottfried, Freyherr zu Weinsperg.
Gottfried, Freyherr zu Limburg.

Wolff,

Wolff, Freyherr zu Breuberg.
Endres, Freyherr zu Dhaun.
Friederich, Herr zu Erbach.
Manng, Freyherr zu Haydeck.
Philipp, Freyherr zu Brauneck.
Eberhard, Freyherr zu Wittelsbach.
Sigmund, Freyherr zu Hutsperg.
Heinrich, Herr zu Cammerstein.
Gebhard, Herr zu Gründlach.

Mit diesen angezeigten Fürsten, Graffen, Freyherren, mit samt der Ritterschafft, und denen von Adel, so solchen Thurnier besuchten, waren ihrer alle zusammen bey 620 Helmen, die liessen auch alle auftragen und beschauen, in Meynung zu thurnieren; damit waren der Helmen zuviel in einem Thurnier. Also wurden zum zweyen Thurnieren sie getheilt, der erste sollte auf den Dienstag nach Mittag, und der andre auf den Mittwoch vor Mittag gehalten werden, damit man sich nach Mittag zum andern Ritterspielen auch rüsten möcht.

### Die vier Thurnier-Vögt.

Wilboldt von Degenberg, Thurnier-Vogt des Lands zu Bayern. Ortolph von Wilhelmsdorff, Thurnier-Vogt des Lands zu Franken. Hanns von Hürnhaim Ritter, Thurnier-Vogt des Lands zu Schwaben. Wilhelm von Reifenberg, Thurnier-Vogt des Rhein-Stroms.

### Die verordnete des Raths zu Nürnberg.

Damit aber alle Sach desto baß zugieng, und die fremden Gäst desto ehrlicher und wohl gehalten würden, hatten Burgermeister und Rath der Stadt Nürnberg, insonderheit Römischer Kayserl. Majestät zu Ehren und Gefallen, auch der löbl. Ritterschafft im Reich, und dem adelichen Ritterspiel des Thurniers zur Förderung und Güten, zwölff Personen von alten adelichen Geschlechten, der Zeit in der Stadt Nürnberg wohnhafft, verordnet, den Amt-Leuten des Thurniers in ihren Befehl, und was ihnen dazu vonnöthen, behülflich und förderlich zu seyn, und seynd dieselben 12 wie hernach folget:

Frie-

Friederich Haller, Hauptmann.
Sebald Wildstromer, Jäger-
meister.
Niclaus Pfinzing.
Sebald Volckamer.
Heinrich Maffel.
Wolffgang Tucher.

Wilhelm Kohler, Forstmeister.
Pilgram von Eib.
Hannß Coner.
Ernst Grundherr.
Hilbrand Haller.
Lorenz Holzschuher.

Diese 12 waren (als obstehet) zu den Thurnier-Vögten und andern Amtleuten des Thurniers verordnet, daß sie alle Nothdurfft, und was zu solchen Ehren fürdern möchte, bestellen, und dasselbig dann, der obgenannt Ernst Grundherr, als der Stadt Nürnberg Baumeister, ferner ausrichten und verschaffen sollt, damit gar kein Mangel an Ihnen erfunden würde, und ob etwas weiters an sie gelangte, das in ihrem Befehl nicht wäre, sollten ihr zween hinter sich einem Erbarn Rath anbringen, auf daß nichts vergessen, oder unterwegen blieb, zu diesen Ehren dienlich.

Hernach werden benennet die zwölf von Adel, so aus den vier Landen des Thurniers, zu einem Ausschuß erwehlet, und verordnet worden.

Als nun der bestimmte Tag des Thurniers kam, und männiglich an der Herberg war, verordneten sie, aus den vier Landen, aus jedem Land 3, die alle Amt des Thurniers besetzen und versehen sollten, damit dieselbigen vermög Thurniers-Freyheit, und wie von alten Herkommen gehalten, und unverändert gehandhabt wurden, und seynd dieß dieselben nachgeschrieben mit Nahmen:

Die von Bayern erwehlten Herrn Wilhelm von Mühlberg, als ein König und Thurnier-Vogt, und gaben ihme noch zween zu, nemlich Siegbotten von Parsperg, und Wolffen von Paulsdorff.

Vom Rhein-Strom erwehlten Herrn Heinrich von Staffel, als ein König und Thurnier-Vogt, und gaben ihme noch zween zu, nemlich Reinhardum von Stockheim, und Wilhelmen von Feurbach.

Von Schwaben erwehlten Herrn Hannß Friederichen von Frydingen, als einen König und Thurnier-Vogt, und gaben ihme zu nemlich Niclausen von Eptingen, und Wolffen von Hallweyl.

Von

Von Franken erwehlten Herrn Wolffen Fuchs als ein König und Thurnier-Vogt, und gaben ihme zu nemlich Friederichen von Ehenheim, und Heinrichen von Lentersheim.

Diese 12 saßen zusammen, und verordneten alle Amt, was des Thurniers Nothdurfft erfordert.

### Wie Sie erstlich die Persohnen zu der Schau des Thurniers ordneten.

Damit fiengen sie an, und verordneten aus den vier Landen 8 Rittermässige Männer, zu der Schau, aus jedem Land zween, ein Alten und ein Jungen, die den Frauen und Jungfrauen zu der Schau vorgiengen, mit samt andern darzu gehörigen Persohnen als Ehrenholt und Persevanten.

Von Schwaben erwehlten Sie Hanns Heinrichen von Anweil, vor einen Alten, und Heinrichen von Pach, vor ein Jungen.

Von Rhein-Strom erwehlten Sie Herrn Wernher von Pirmont, für ein Alten, und Iohannem von Schöneck für einen Jungen.

Von Bayern erwehlten Sie Heinrichen von Ramßberg, vor einen Alten, und Jörgen Haußner vor einen Jungen.

Von Franken erwehlten Sie Philippen von Guttenberg, vor einen Alten, und Friederichen von Reizenstein vor einen Jungen.

Diesen 8 war der Befehl geben, daß Sie in der Schau alle Wappen, Kleinod, und Tabertheur besehen, und sich der mit Ernholden und Persevanten erkundigen sollten, welche Gäst wären außerhalb der vier Landt, dieselben weiter hinter sich anzubringen.

### Wie hernach 12 Frauen und Jungfrauen zu der Schau erwehlet worden, wie vor Alters her rc.

Erstlich erwehlten Sie von Bayern Herrn Wilbalds von Preysing eheliche Haußfrau, gebohrne von Hylkershausen.

Auch Frau Agnes, gebohrne von Greifenberg, ein nachgelassen Wittlb Conrads von Berbing.

Und Jungfrau Margaretha, Herrn Diepolts Tochter von Meßenhausen.

Von

Von Rhein-Strom erwehlten Sie Herrn Heinrichs von Landsbergs ehliche Hauß-Wirthin, eine gebohrne Frau von Lößnich.

Auch Frau Hilgarth gebohrne von Razumhaus, eine nachgelaßne Wittib Herrn Wilhelm Hürten von Saulnhelm. Und Jungfrau Anastasia, eine gebohrne von Ingelnheym.

Von Schwaben erwehlten Sie Frau Adelheyd, Herrn Albrechts von Ahelfingen eheliche Hauß-Wirthin, gebohrne von Hacholding.

Frau Gutta, gebohrne von Westerstetten, eine nachgelaßne Wittib Herrn Philippen Sturmfeders.

Jungfrau Anna, gebohrne von Gundelsheim.

Von Franken erwehlten Sie Frau Dytburga, eine eheliche Hauß-Wirthin Herrn Johannis Würtzbergs, gebohrne von Stettenberg.

Frau Anna, gebohrne von Stetten, eine nachgelaßne Wittib Herrn Wilhelms von Streutberg.

Jungfrau Walburg, eine Tochter Herrn Wilhelms von Rheinsteyn.

Mit diesen jeztbenannten erwehlten Frauen, Witt-Frauen und Jungfrauen, auch andern verordneten Personen, ward die Schau des Thurnier-Gezeugs und der Helm ordentlich gehalten und vollbracht,

## Welche in dem ersten Thurnier zu Grießwertlen und zwischen die Sail geordnet worden.

Nachdem nun die Schau, und anders zum Thurnier verordnet war, erwehlten der Ausschuß zum ersten Thurnier aus den vier Landen von jedem Land einem zu einen Grießwertel, und einen zwischen die Sail.

Erstlich erwehlten Sie von Land zu Schwaben, Herrn Ehringen von Enzberg zu einen Grießwertel, und Friederichen von Bernfels zwischen die Sail.

Von Rhein-Strom erwehlten Sie Heinrichen von Helffenstein zu einen Grießwertel, und A..nolden von Flersheim zwischen die Sail.

Von Bayern erwehlten Sie Herrn Leonharden von der Kürn zu einen Grießwertel, und Johann Früemeßeln zwischen die Sail.

Von Franken erwehlten Sie Herrn Dietrichen von Düngfeld zu einen Grießwertel, und Wolffen Redwiz zwischen die Sail.

Welche

### Welche zum andern Thurnier zu Grießwerteln und zwischen die Sail verordnet worden.

Zum andern Thurnier, der auf den Mittwoch vor Mittag gehalten werden sollt, seynd diese Nachgenannten zu Grießwerteln und zwischen die Sail verordnet worden.

Erstlich ward von Bayern erwehlet Herr Alhard von Ramsperg zu einen Grießwertel, und Herr Gottfried von Waldau zwischen die Sail.

Von Rheinstrom erwehlten Sie Herrn Emmerichen von Cronenberg zu einen Grießwertel, und Johann Bayern von Popparten zwischen die Sail.

Von Schwaben erwehlten Sie Herrn Schweigharden von Hatstatt zu einen Grießwertel, und Conraden von Zülnhard zwischen die Sail.

Von Franken erwehlten Sie Jobsten von Egloffstein zu einen Grießwertel, und Kilian von der Kere zwischen die Sail.

### An diesem Thurnier wurden nachfolgende sechs Helm ausgestellt:

Einer von Herttenberg.      Einer von Hohenstain.
Einer von Neudeck.      Einer von Hoheneck.
Einer von Steinau.      Ein Geylling.

### Theilung im ersten Thurnier der Fürsten.

Heinrich, Herzog zu Sachsen und Bayern, der Hoffärtig genannt.
Hermann, Landgraff in Thüringen.
Poppo, Graff und Herr zu Hennenberg.
Friederich, Herzog zu Böheim.
Berthold, Herzog zu Meran.
Rudolph, Marggraff zu Baden.

### Die Graffen.

Gerlach, Graff zu Nassau.      Ludwig, Graff zu Pfürdt.
Friederich, Graff zu Orlamünd.      Reinhard, Graff zu Hanau.

E

Bert-

Berthold, Graff zu Bogen.
Berthold, Graff zu Vochburg.
Conrad, Graff zu Moßberg.
Rudolph, Graff zu Montforth.
Friederich, Graff zu Freyburg.
Heinrich, Graff zu Wertenberg.

Conrad, Graff zu Weissenhorn.
Johann, Graff zu Helffenstein.
Gebhard, Graff zu Hohenlohe.
Philipp, Graff zu Hohendrücha-
ding.

### Die Freyherren.

Heinrich Reuß, Freyherr zu Plauen.
Gotthard, Freyherr zu Weinsperg.
Erhard, Freyherr zu Wittelspach.
Gotthard, Herr zu Fugling.
Gottfried, Freyherr zu Lymburg.
Woiffgang, Freyherr zu Breuberg.
Heinrich, Herr zu Cammerstein.

Mit diesen hievor angezeigten Fürsten, Graffen, Freyherrn,
und andern Rittern auch Edeln wurden bey 310. Helmen in dem ersten Thurnier getheilt, und folgt hernach die Theilung des andern
Thurniers.

### Die Fürsten.

Ludwig, Herzog zu Bayern.
Lützelmann, Herzog zu Deckh.
Wernher, Marggraff zu Hoch-
berg.
Heinrich, Marggraff zu Rümb-
sperg.
Wenzel, Marggraff zu Mähren.
Conrad, Marggraff zu Laußnitz
und Graff zu Rochlitz.

### Die Graffen.

Arnold, Graff zu Cleve.
Dieterich, Graff zu Hall.
Berthold, Graff zu Lechsmund.
Eberhard, Graff zu Dornberg.
Ulrich, Graff zum Stein auf dem
Nordgau.

Sigmund, Graff zu Gleichen.
Berthold, Graff zu Grießbach.
Lamprecht, Graff zu Veringen.
Heinrich, Graff zu Reneck.
Albrecht, Graff zu Düllingen.
Albrecht, Graff zu Wertheim.
Johann, Graff zu Castell.
Altmann, Graff zu Abensperg.
Gebhard, Graff zu Hirschberg.
Gebhard, Graff zu Roteneck.

### Die Freyherren.

Manng, Freyherr zu Hutsperg.
Friederich, Herr zu Erbach.
Philipp, Freyherr zu Brauneck.
Endres, Freyherr zu Daun.
Eberhard, Herr zu Gründlach.

Daß

Daß also in diesen Thurnier, mit vorgeschriebenen Fürsten, Graffen, Freyherren, auch andern Rittern, und von Adel bey 310. Helmen getheilt wurden.

### Wie der erst Thurnier auf den Dienstag nach Mittag gehalten worden.

Als nun der Dienstag vor Augen war, und die Thurnier getheilet waren, daß männiglich wußt, wenn er reuten sollt, da bliese man zu rechter Zeit auf, in die Schranken zu reuten. Also kamen die, so auf diesmal zu thurnieren bescheiden waren, und als die Stund ausschluge, da giengen die Schranken zu, darnach bliese man auf zum Thurnier, und wurden die Sail abgehauen, damit fienge sich der Thurnier an, und währete bey zweyen Stunden. Da bliese man wieder auf, da liesen die Thurnierer die Kolben fallen, griffen zu den Schwerdern, und hieben einander die Cleinod ab, da giengen die Schranken auf, und war der Thurnier gehalten.

### Mit diesen nachfolgenden, hat man im ersten Thurnier gethurnieret, sie geschlagen und empfangen.

Reinhard, von Bernsau.  
Wolff Ruede der älter.  
Reichart von Reischach.  
Albrecht von Rietheym.  
Wolff Haußner.

Gotthard von Borschied.  
Leonhard von Maxelrain.  
Dietrich von Freudenberg.  
Cunz von Wallenrode.  
Ludwig von Luchau.

### Der ander Thurnier, der auf den Mittwoch vor Mittag gehalten ward.

Auf den Mittwoch vor Mittag, schickte sich männiglich zum andern Thurnier, und als man zu früher Tag-Zeit aufbließ, zoge ein jeder, der thurnieren wollte, in die Schranken, bis man zum andern-mal aufbließ, da giengen die Schranken zu, da hieben die verordne-ten die Sail ab, damit gieng der Thurnier an, und währete bey zwey Stunden, darnach als wieder abgeblasen ward, liesen die Thur-nierer ihre Kolben fallen, und griffen zu den Schwerdern, hieben einander die Cleinod ab, indem giengen die Schranken auf, da war der ander Thurnier auch gehalten.

J 2

Diese

Diese nachgeschriebene hat man in andern Thurnier geschlagen und empfangen.

Heinrich von Wolffstein.
Heinrich von Bellersheim.
Paulus Leytenbeck
Friederich Nothhafft.
Christophel von Mülheim.
Dieterich von Pfalheim.

Johann von Hohenstein.
Conrad von Dhan.
Sigmund von Aichelberg.
Georg von Giltlingen.
Ernst von Hoffwarth.

## Wie in hohen Zeugen auch sonst gerennet und gestochen worden.

Da nun beede Thurniere gehalten waren, kamen nach Mittag etliche, die sich bereiten, und auf den Donnerstag einestheils in hohen Zeugen, und die andern sonst rennen und stechen wollten, auf die Bahn. Es gienge aber ihr Gestech nicht vor sich, denn die Kayserl. Majestät hatte auf denselben Donnerstag ein Versammlung der Fürsten und Herren. Da ward ein grosser Auflauff in der Stadt, daß die Burger die Thor zusperreten, und die Thüren besetzeten, es wuste aber niemand, was die Ursach oder verursacht, bis auf den Abend spat, da ritte Herzog Heinrich von Sachsen und Bayern zum Thor hinaus, der war dieser Aufruhr ein Ursacher gewest, und als er hinweg kam, da wurde alle Sach gestillt, und niedergelegt, also hielt man nach der Mahlzeit den Abend-Tanz, aber der Kayser kame nicht dazu.

Da nun alle Sache gestillt, und das Nachtmahl gehalten war, rüstete sich männiglich zum Abend-Tanz, und als die Fürsten, Grafen, Freyherren, Ritter und der Adel in grosser Anzahl zu solcher Freud und Kurzweil erschienen, dergleichen Frauen und Jungfrauen in grosser Meng da waren, da ruffet man eine Stille, und wurden die neuen Thurnier, Vogt der vier Lande, die fürbaß hin, bis zum nächsten Thurnier-Vogt seyn und bleiben sollten, am ersten angezeigt und öffentlich aufgeruffen, wie dieselben Thurnier-Vögt mit Nahmen hernach benannt seynd.

Herr Sichard von Leubelfing, der sollt fürohin Thurnier-Vogt des Landes zu Bayern seyn.

Herr

Herr Ernſt von Staffel, der ſollt fürohin Thurnier-Vogt des Landes zu Schwaben ſeyn.

Herr Johann von Jngelicheim, der ſollte fürohin Thurnier-Vogt des Rhein-Stroms ſeyn.

Herr Ludwig von Redwiz, der ſollte fürohin Thurnier-Vogt des Landes zu Franken ſeyn.

### Wie man darnach anfienge zu tanzen.

Alſo gab man den erſten Tanz Herzogen Friederichen von Böheim, mit Herzog Bertholds Gemahl von Meran.

Den andern Tanz gab man Herzog Ludwig von Bayern, mit Hermanns Landgraffen in Thüringen Gemahl.

Den dritten gab man Marggraffen Wenzeln, mit Burggraffens Friederichs Gemahl von Nürnberg.

Den vierten Tanz gab man Landgraffen Hermann von Thüringen, mit Herzog Lüzelmanns Gemahl von Deck.

Den fünfften gabe man Herzog Lüzelmann von Deck, mit Frau Sophia, gebohrne Fürſtin von Bayern, Graffen Poppen von Hennenberg Gemahl.

Den ſechſten Tanz gabe man Marggraffen Conrad von Laußnitz, mit Frauen Anaſtaſia, eine Tochter Herzog Lüzelmanns von Deck.

Den ſiebenden Tanz gabe man Herzog Bertholden von Meran, mit Marggraffen Wernhers Gemahl von Hochberg.

Den achten Tanz gabe man Marggraffen Rudolph von Baden, mit Graff Friederichs Gemahl von Orlamünd.

Den neundten Tanz gabe man Marggraffen Heinrichen von Rumbſperg, mit Graffen Gerlachs Tochter von Naſſau.

Den zehenden Tanz gabe man Margraffen Wernherrn von Hochberg, mit Graff Heinrichs Gemahl von Reneck.

Den eilſten Tanz gabe man Graff Poppen von Hennenberg, mit Graff Bertholds Gemahl von Hohenbogen.

Als nun dieſe Fürſten alle ihre Vortänz gehabt hatten, wurden auch die Graffen und Herren, ein jeder nach ſeinem Stand mit Vortanzen und andern Freuden geehret und verſehen, daß alſo der Abend

mit

mit allen Freuden und Kurzweil vertrieben wurd bis zu End des Thurnierhoffs.

Bey diesem Kayserlichen Triumph und Thurnier-Hoffe sind gewest mit Kayserl. Majestät 13 Fürsten, 29 Graffen, 13 Freyherren, 68 Ritter, und bey 497 Edeln, die alle in diesem Thurnier selbst geritten und besucht haben, ohne andere Graffen, Herren, Ritter und vom Adel, die als Diener der Fürsten, Graffen und Herren, auf gemeldten Thurnierhoffe gewest seynd, und nit gethurniert haben, deren auch eine grosse Anzahl gewest ist.

Auf diesem Thurnierhoffe seynd auch gewest 7. Fürsten, mit ihren Frauenzimmern, auch 15 Graffen, 6 Landfrauen und ob 148 geschmückter Frauen und Jungfrauen von Adel.

**In diesem Thurnier haben nachbenannte von Adel, die Aemter des Thurniers gehabt und getragen.**

Herr Wilhelm von Grumbach , Ritter.

Herr Hanns Friederich von Friedingen , Ritter.

Herr Weruher von Pirmont , Ritter.

Herr Leonhard von der Küren , Ritter.

Herr Alhard von Parßberg , Ritter.

Herr Emmerich von Cronenberg , Ritter.

Herr Ernst von Staffel , Ritter.

Herr Wilhelm von Mühlberg , Ritter.

Herr Wolffgang Fuchs , Ritter.

Herr Eriug von Enzberg , Ritter.

Herr Dietrich von Thünfeld , Ritter.

Herr Gottfried von Waldau , Ritter.

Herr Schweicher von Hattstatt , Ritter.

Herr Sighard Leubelfing , Ritter.

Herr Johann von Ingelnheim , Ritter.

Die

### Die Edlen.

Sigboth von Parsberg.
Arnold von Schaumberg.
Wilhelm von Feurbach.
Heinrich von Seinßheim.
Niclaus von Epting.
Wolff von Hallweil.
Johann von Schöneck.
Friederich von Ehenheim.
Wolff von Rotenhan.
Heinrich von Bach.
Heinrich von Ramsberg.
Heinrich von Helffenstein.
Johann Frühemeßel.
Kilian von der Kere.

Georg Haußner.
Friederich von Raizenstein.
Friederich von Bernfels.
Wolffgang von Redwiz.
Conrad von Zuelnhard.
Jobst von Egloffstein.
Wolff von Paulsdorff.
Reinhard von Stockheim.
Heinrich von Lendtersheim.
Hannß Heinrich von Anweil.
Philipp von Guttenberg.
Arnold von Flersheim.
Johann Bayer von Popparten.

Wie ein Burgermeister und Rath dieser Stadt Nürnberg, die Fürsten, Graffen, Freyherren und Ritter, auch alle vom Adel, so dieser Zeit zu Nürnberg waren, zu einem Bancket, oder Abendmahl offentlich thäten laden und beruffen.

Als nun auf gemeldten Donnerstag zu Nacht, die Thurnier-Tänz und andere Kurzweil, zu solchen Ehren gehörende, so viel sich jederzeit zum Thurnier geziemt, ihr End erreicht hätten, liesen Burgermeister und Rath zu Nürnberg, Fürsten, Graffen, Freyherren, Ritter, und die von Adel mit samt Frauen und Jungfrauen, die da zugegen versamlet waren, unterthänige Fleiß bitten, daß sie sich der kleinen Zeit bis auf nächstkünftigen Sonntag nit verdriessen lassen, und bey ihnen verharren wollten, Seiner Kaiserl. Majestät und Ritterschafft zu Ehren, und unterthänigen Gefallen ein Mahlzeit und Tanz halten; wäre darauf ihr unterthänig und dienstlich freundliche Bitt,

Ihr

Ihr aller Gnaden Gunst und Freundschafft, wollten Kayserl. Majestät zu unterthäniger und ihnen angenehmer Willfahrung, solche
Kurzweil und Freud mehren und vollenden helffen, dargegen sie ver-
bündig, solchs um Ihr Gnaden, Gunst und Freundschafft sämt-
lich, sonderlich, und gegen einen Jeden seines Stands unterthäniglich
mit sonderer Gunst und guten Willen allzeit zu verdienen, beschul-
den und vergleichen.

### Wie der Kayser, Fürsten, Graffen, und Herren
### zu Nürnberg sich verhielten.

Und die von Nürnberg hätten solche Ladung auf dem Tanz-Hauß
offentlich lassen beruffen und ansagen, aber doch zuvor die Kayserl.
Majestät aufs unterthänigst gebetten, die Fürsten, Graffen und Herren mit andern Geschäfften biß auf den Sonntag zu verhalten, als
dann geschah, wann der Kayser hätt mit den Fürsten, auch andern
Ständen des Reichs zwey Versammlungen, nur auf den Freytag
vor Mittag, und die andere nach Mittag, und auf den Sambstag
nach Mittag war die Sachen vest endlich beschlossen, also, daß die
Fürsten, Graffen und Herren in guter Anzahl den Sonntag auch
zu Nürnberg blieben und verharrten, aber das Frauenzimmer zog
fast alles hinweg. Doch ohne die gemeine Ladung, luden die vom
Rathe der Stadt Nürnberg mittler Zeit fast alle Fürsten, Graffen
und andere Stände des Reichs sonderlich, besuchten und baten sie
eigner Person, von Hauß zu Hauß, in allen Herbergen, so viel
Ihrer da beharreten.

### Wie die Mahlzeit auf den Sonntag angefangen
### und gehalten ward.

Als nun der Sonntag vor Augen war, warteten die Fürsten, Graffen, und Herren, Ritter und vom Adel, Kayserl. Majestät auf den
Dienst. Als die zu der Mahlzeit ritte, und da das Wasser geben
ward, saßte man Kayserl. Majestät oben an eine Tafel, und neben
Ihrer Majestät eine Frau, darnach saßen acht Fürsten an derselben
Tafel, deren ein jeder eine Frau oder Jungfrau neben Ihm sitzen
hatte.

An

An der andern Tafel unter Kayserl. Majestät einen kleinen Weg herab, saßen zu der rechten Hand an einer langen Tafel 12 Graffen, der jeder eine Frau oder Jungfrau neben ihm sitzen hatte.

Gegen der nächsten Tafel über, auf der linken Hand, stund aber eine lange Tafel, der nächsten gleich, daran saßen 12 des Kaysers Räthe, die Jeder ein Frau oder Jungfrau neben Ihm sizen hatte.

Unter der dritten Tafel, auf der rechten Seiten aber, stunde eine Tafel den andern an der Grösse und Länge gleich, daran saßen auch 12 Graffen und Herren mit Frauen und Jungfrauen.

An der fünfften Tafel, daran saßen unter des Kaysers Räthen herab 12 Ritter und Edle des Kaysers Cammer-Ambtleuth, auch mit Frauen und Jungfrauen besezt, wie die andern Tafel.

An der sechsten, zu hinterst im Saal nach der Zwerch, gegen Kayserl. Majestät über, stunde eine lange Tafel unter Augen des Kaysers, daran saßen Burgermeister und Rath dieser Stadt.

**Darnach waren noch zween andere Sääl verordnet, daran saßen wie folget.**

Weiter waren in einem Saal verordnet 6. lange Tafel, gleichwie in dem Kayserlichen Saal, daran saßen auf 140 Persohnen an Graffen, Herren, Rittern und vom Adel, des Kaysers und der Fürsten Diener, auch die, so vor sich selbst da waren.

In dem andern Saal waren auch 6 Tafeln gedeckt und zugerichtet, daran saßen 80 geschmückter Frauen und Jungfrauen deren von alten Adelichen Geschlechten in dieser Stadt Nürnberg, ohne die in des Kaysers Saal saßen, deren auch bey 40 waren.

Zu dieser Mahlzeit wurden auf des Kaysers Tafel 36. Richten gesezt, darzu mancherley Getrank, von welschen und teutschen Weinen, darnach gabe man über gemeine Höffe auf alle Tisch 24 Essen, an Fischen, Vögeln, Wildpret, Fleisch und Gemüs, darzu fünferley

K

ley Weins, als Vernatscher, Rheinisch = Wein, Oster = Wein, Franken = Wein, und Neckar = Wein.

## Wie darnach gerennet und gestochen ward.

Also ward die Mahlzeit mit guter Ordnung und grossen Lob gehalten, und als man Wasser gab, wurden die Tafeln alle abgetragen, und eine Zeitlang getanzt; darnach besonder die, von den Innwohnenden Adelichen alten Erbarn Geschlechten, die thäten viel guter Treffen, mit rennen und stechen, daß der Kayser selbst drey vor andern, ihrer Geschicklichkeit halber lobete, und vermeint, wenn sie bey den Fürsten erzogen wären, so thäten sie ihme genug, und waren diese, hernach benannte:

Der 1 war Jörg Haller. Der 2 Sigmund Tucher. Der 3 Hanns Holzschuher.

Diese 3 behielten auf diesen Tag in rennen und stechen vor männiglich den Preiß.

## Wie dem Kayser auf dem Abend auch ein Tanz gehalten ward.

Darnach gienge man zum Nacht = Essen, und als das gehalten war, fienge man an zu tanzen, da schuffe der Kayser selbst, den vorgenannt dreyen, ieden einen Vortanz (nachdem die Fürsten ihre Vortänz gehabt hatten) zugeben, damit er sie sehen möchte. Also wurde der Abend mit Freuden und aller Kurzweil vertrieben, und als der Kayser des Abends vom Tanz abscheiden wollt, und von Frauen und Jungfrauen Urlaub nahme, beschickte Er die zween Burgermeister, und etliche des Raths dieser Stadt Nürnberg, lies ihnen vorhalten, nachdem etliche Fürsten in Unwillen abgeschieden wären, auch andere Irrung im Reich seyn möchte, und aber Seine Majestät diese Zeit nicht Leute genug bey Ihr gehabt, wie Sie wohl vonnöthen hatte, dann Ihr Kriegs Volk an andern Orten, und nemlich zu Thonauwerth läge, darum Seiner Majestät gnädigs bittlichs Gesinnen wäre, Ihr etliche reißige Pferd zu leihen, und Sie aufs stärkst als ihnen möglich bis gen Thonauwerth zu begleiten, das sagten sie dem Kayser zu, in eigner Persohn zu thun, damit schiede der Kayser frölich vom Tanz = Hauß.

Wie

## Wie auf den Montag früh, (als des Kaysers Trompeter aufgeblasen hatten,) diejenigen, so mit Seiner Majestät reiten wollten, gerüstet kamen.

Als nun der Kayser reiten wollt, waren alle die bereit, die mit reiten sollten. Nun hätte der Kayser selbst nicht über 400. Pferd bey Ihme, darzu hätten Ihme 5. Fürsten zugesagt, mit ihme gen Thonauwerth zu reiten, als sie auch thäten: nemlich Ludwig Herzog in Bayern, mit 380. Pferden, Lützelmann Herzog zu Deck, mit 86. Pferden, Rudolph Marggraff zu Baden, mit 120. Pferden, Heinrich Marggraff zu Rumsberg, mit 65. Pferden, Wernher Marggraff zu Hochberg, mit 64. Pferden.

Auch kamen die von Nürnberg mit 400. Pferden, hatten keinen Soldner oder andern Reißigen bey ihnen, denn was sie in der Stadt von Einwohnern und alten adelichen Erbarn Geschlechten auffsizend hatten, ein jeder nach seinen Vermögen und Wohlgefallen, wann sie zu derselben Zeit nit handtierten, sondern hielten und nährten sich von ihren Renten, gleichwie andere vom Adel, darum sie auch dem Adel gleich gehalten wurden. Ueber diese deren von Nürnberg 400. und etliche Pferde war oberster Hauptmann Wilhelm Haller der ältere, und mit ihme Wilbold Grundherr, ein ernstlicher tapferer Mann. So war Andreas Gayt genannt Pfinzing, Cammermeister.

### Wie der Kayser zu Pferd saß, und mit diesen Reißigen Zeuge gen Thonauwerth ritte.

Und als der Kayser sahe, daß die von Nürnberg so stark waren, truge er dessen ein groß Wohlgefallen, saß mit Freuden auf sein Pferd, und ritt frölich aus dieser Stadt Nürnberg, und hatte der Kayser und die vorgenannten Fürsten, samt denen von Nürnberg alle mit über 1500. gerüster Pferde, damit Kayserl. Majestät begleitet wardt, welche alle mit Ihrer Majestät gen Thonauwerth in Schwaben ritten.

### Abschrift deren von Nürnberg Futter Zettel.

Auf nachfolgende Geschlecht laut der Futter Zettel, die dem Kayser eigner Persohn gen Thonauwerth gedienet haben, als nemlich:

Die

| | Pferd. | | Pferd. |
|---|---|---|---|
| Die Waldstromer - - | 16 | Die Grundherrn - | 13 |
| Die Volkamer - - | 13 | Die Köhler - - | 9 |
| Die Ruzen - - - | 15 | Die Nordwein - - | 8 |
| Die Eigwein - - | 11 | Die Stainlinger - | 12 |
| Die Ebner - - | 8 | Die Lemlein - | 6 |
| Die Tezel - - | 9 | Die Ammon - - | 6 |
| Die Haller - - | 19 | Die Thünherrn - | 8 |
| Die Vorchtel - | 13 | Die Prünsterer - - | 7 |
| Die Pilgram von Eib - | 11 | Die Kripper - | 8 |
| Die Rieter - - | 10 | Die Ingram - - | 3 |
| Die Muffel - - | 12 | Die Schützen - | 3 |
| Die Mendel - - | 10 | Die Meurlein - - | 9 |
| Die Zenner - - | 6 | Die Grossen - - | 10 |
| Die Tucher - - | 14 | Die Kreßen - - | 9 |
| Die Gruber - - | 14 | Die Behaim - - | 9 |
| Die Schürstab - - | 11 | Die Reinsperger - - | 12 |
| Die Sachsen - - | 5 | Die Eißenwanger - | 10 |
| Die Holzschuher - | 12 | Die Elwanger - - | 6 |
| Die Eschelder - - | 8 | Die Schlewizer - | 4 |
| Die Trachen - - | 6 | Die Stromer - | 18 |

So diese Zeit Stromer und Nüzel genennet werden, weil dies ihr erste Reiß war, da sie dem Kayser gen Thonauwerth dieneten, nachdem der Kayser sie bewapnet und geadelt hatte.

Auf diesem Ritt gelangten die Adelichen Geschlecht zu Nürnberg gar einen gnädigen Kayser, denn sie im Feld wohl geschickt waren, und sich so diensthaft hielten, daß Ihr Majestät aus eigner Bewegniß, alle Geschlecht, wie die mit Nahmen hiervor angezeigt und verzeichnet stehen, und auf dieser Reiß gedienet haben, mit sondern Gnaden und Freyheiten von neuen geehret und erhaben hat, also und dergestalt, wo sie sich der Adelichen Tugend und Freyheiten ihres Adelichen Stands fürbaß hin halten wollen, und gemeiner Burgerschafft der Stadt Nürnberg allen ihren Handel und Gewerb freylassen, sich des nit bekümmern, wie sie bishero gethan haben, in solcher Maß erhöhet die Kayserliche Majestät diese Geschlecht alle, in ihren adelichen Stande erhebt und freyet sie, von neuen in allen erlichen und adelichen Dingen, daß sie allen adelichen Geschlechten auf dem Land (in des H.
Reichs

Reichs gebiet) gleich gehalten sollten werden. Sie mögen auch mit allen rittermäsigen Geschlechten, Thurnieren, Rennen, Stechen im Felde und andern Orten zu Schimpf und Ernst sich andern Adelichen gleich zu halten. Sie sollen auch zu allen adelichen Sachen gezogen und gebraucht werden unverhindert allermänniglichs, bey Verlierung und Vermeidung Kayserlicher Majestät Ungnad und schwehrer Straf, wie solches Ihr hoher Freybrief (Ihnen darüber gegeben) in seiner Bestättigung clärlich ausweist.

Als nun der Kayser gen Thonauwerth kam, gab er den Fürsten ihren Abschied und erlaubt ihnen heimzureiten, darnach erlaubt er auch gleicherweiß denen von Nürnberg, und gab ihnen gar einen gnädigen Abschied, damit sie in allen Gnaden von Kayser nach Hauß zu reiten abgefertiget wurden.

## Ende des grossen Thurniers.

### Zween Ritter kämpfen miteinander.

Anno 1430. nach unser Frauen-Tag Vanitatis, kamen gen Nürnberg **1430.** Sigmund Römischer König, und am den nächsten Tag darnach wurden am Markt zwey Gezelt mit Gebenden los aufgeschlagen und verschrankt. Da kämpften zween Ritter mit einander in Harnisch wohl verwahrt, die waren beede von Catalonia, mit Nahmen Herr Hugo von Frankreich, und Herr Peter von Wyrweßer. Da lag Herr Peter unten, dieser Kampf geschah von einer Frauen wegen.

### Ihrer 12 rannten mit scharffen Glessen allhier.

Anno 1434. rannten 12. mit scharffen Glessen zu Nürnberg, auf dem **1434.** Markt, das waren Edel-Leut aus Franken, Schwaben und Bayern, unter diesen scharfen Rennen waren etlich Ritter die mit Nahmen benennet werden.

### Das seyn die Scharff-Renner benannt.

Herr Hanns von Hirschhorn, Ritter.

N. Ebenheim, behielte den Preiß.

Anshelmus von Roßenberg.

N. Eichberger verlohr den Preiß.

Ulrich von Laber gewann.

Conrad von Egloffstein.

N. von

N. von Sickingen gewann.

N. Preisinger.

Rudolph von Hornzeimer.

N. Claus gewann den Preiß.

Herr Wilhelm von Rechberg, Ritter.

N. Claußner gewann den Preiß.

Und sie ritten 4 Pferd zu tod, das war nach Pfingsten. Der Hornzaimer und N. Claußner thäten 3 reiten, der Hornzaimer ward durch die Rennhauben oben ausgerannt, das Eisen gienge an das Thülle, doch schadete es ihme nicht.

### Ein Thurnier ward vom König *Sigismundo* in Nürnberg gehalten.

**1434.** Anno 1434 ist ein Thurnier von König Sigmund in Nürnberg gehalten worden, wie hernach folgt.

Und als der Thurnier durch Kayser Sigmunden von Fürsten und Herren, Rittern, von Adel und Thurniergenossen gehalten wurde, war Leonhard von Ebenheim des Ritters, und man bereitet ihme die Schranken auf den Markt, am Montag vor St. Egydien Tag.

Darnach am 8 Tag, wurde der Thurnier an einem Dienstag gehalten, aber zuvor am Montag bereiteten sich die Herrn all in der Schranken, und es ritten im Thurnier Herzog Johannes, und drey junge Marggraffen von Brandenburg mit ihme, auch sehr viel vom Adel und Ritterschaft.

Und Herzog Johannes wurde geschlagen, daß er aus dem Sattel kam. Es wurden auch viel vom Adel und der Ritterschaft wohl geschlagen, und es war aus der große Thurnier, so er ander Ort lange Zeit gewesen ist, darein auch etlich Bürger der Stadt, so von den Adelichen alten Herkommenden Erbarn und grossen Geschlechten einritten, doch alle geschlagen blieben.

Darnach wurden vier Thurnier auf künftig und benannte Zeit zu halten ausgeruffen, nemlichen einer auf Heidelberg, denen von Kazenelenbogen zugehörig und zu verwahren. Einer auf Eßlingen, denen von Rechberg zu versorgen, auch einen auf Regenspurg, den Frauenbergern zu verwahren, und den lezten auf Neuenstatt an der Aisch, dem Marggraffen Albrecht zu beschüzen und handhaben.

Doch

Doch in solchem Jahr an Freytag nach Michaelis, da fuhr Kayser Sigmund von Regenspurg abwärts der Thonau gen Hungarn, und macht dieweil für ihn zu regieren das Reich dem jungen Marggraff Friederichen von Brandenburg, damit wurden die angezeigten Thurnier immer aufgeschoben und verhindert.

Item im Thurnier-Buch stehet: Anno Christi 1412. sey ein Thurnier von Ritterschaft im Land zu Bayern auf Regenspurg gehalten, und das sey der 25. Thurnier gewesen. Und nachmals A. 1436. hat Graff Ulrich zu Wittenberg und Mümpelgart den 20. Thurnier gehalten zu Stutgarden. Nun ist angezeigter Thurnier, sonderlich darzwischen in Nürnberg, nemlich in 1434 Jahr gehalten worden, und wurd in solchem Thurnier-Buch mit einem Wort nit gedacht, sondern überschritten, wie das geschehen, mir unwissend. So doch darinnen noch 4. Thurnier ausgeruffen und zu halten werden angezeigt, wiewohl viel wissen, doch nit alles. So sind solche glaubwürdige Schrifften nicht umsonst erdichtet, wohl mögen sie wieder haben, und zum theil unterlassen. Es mögen auch andere Ursachen und der viel seyn, darum solches und dergleichen beschieht.

### Scharf-Rennen ward allhier gehalten.

Anno 1440. am Mitwochen nach Anthoni, da rannte Herr Hannß von Egloffstein Ritter, mit Hei..dschepflug hie zu Nürnberg auf dem Markt, und der Heindschepflug machet den Ritter Sattelräumig und lag ob.  **1440.**

Am Pfingstag darnach, da rannten Herr Jörg von Ehenheim Ritter, mit dem Fronberger, keiner aber gewann nichts, da wurde es abgenommen.

### Ein ander Scharff-Rennen, so in Nürnberg
### gehalten worden

Anno 1441. am Donnerstag nach St. Apollonien Tag, da rannten der jung von Heydeck und der von Plauen scharff hier in Nürnberg auf dem Markt, thäten ein gut Treffen, doch blieben sie beede, das wurde von ihnen abgenommen.  **1441.**

Ge-

### Gesellen Stechen ward allhie gehalten.

1446. Anno 1446. den 28 Febr. stachen hier zu Nürnberg die jungen Burger unter ihnen Cleinodien, und waren 39. Helm auf der Bahn,
der jegliches eignes Zeuge war. Darnach saßen ihr 5. ein, das waren 44. Gesellen, und all in hohen Sätteln, da blieb Wilhelm
Hirschvogel ein Pferd auf dem Plan tod, und der Uhlstatt rannte einen Mann zu tod, und jeglicher Stecher hatte einen Rüstmei-
ster und Stangenführer, und zween zu Fus, die auf ihn warten
mußten

Und Sebald Keeß kam auf die Bahn, da die Gesellen all gestochen hatten, und vermeint allererst Ehr zu erjagen. Aber niemand
wollt mit ihme stechen, derohalben er verspottet ward von jederman-
niglich; es war aber an Zagheit nicht, sondern am Zeuge war grosser
Mangel, darum er also verspottet wurde.

Wiewohl in diesem Gesellen-Stechen nicht alle Erbare Geschlecht, so dazumaln in Nürnberg gewest, inbegeben oder einkom-
men seyn, ist vielleicht Ursach, daß etliche aus denselbigen nicht an-
heim, etliche zu alt, oder zu jung gewesen seyn.

Eben auf denselbigen Tag des bemelten Gesellen-Stechens, hat
Wilhelm Löffelholz, mit Kunigunden, Cunzen Baumgärtners Tech-
ter, Hochzeit gehalten, welche Braut allen Stechern zu Ehren und
Gefallen drey Cleynoder hat aufgeworfen, nemlich das erst ein
Heftlein im Werth 12. Gulden, zum andern ein gulden Ring um
8. Gulden, und zum dritten einen schönen Kranz um 4. Gulden
Werth.

Solche Kleinod seyn hernach zum Tanz, der auf dem Rath-Hauß
gehalten, wie vor Jahren auch mit andern Tänzen, welcher das
Beste im gethanen Zeuge auf der Bahn hat gethan, ausgegeben
worden.

Und solches Gesellen Gestech hat der alt Berthold Volkamer in
seiner Behausung in eine grosse Stuben auf ein aufgespanntes Tuch
mit allen Farben und Kleinoden seinen jeglichen Stecher mit Fleiß
mahlen lassen, welche Behausung nachmals Herr Christoph Tezel
der älter und Losunger wieder verneuen lassen.

Fol.

### Folgen hernach die Stecher mit Nahmen.
#### Von Wald-Stromern.

Herr Hanns Wald-Stromer, Hannßen Wald-Stromers Sohn, gebohrn von der Grundherrin.

#### Von Pfinzingen.

Herr Sebald Pfinzing, Ritter, Sebalden Pfinzings Sohn, gebohrn von der Hallerin.

#### Von Hallern.

Conrad Haller, Conrad Hallers und der Thanndörfferin Sohn, hat das erste Kleinod das Hefftlein erlangt und erstochen.

Sebald Haller, Endres Hallers und der Seckendorfferin Sohn.

Christian Haller, Peter Hallers und der Rieterin Sohn.

Leupold Haller, Ulrich Hallers und der Forstmeisterin Sohn.

Berthold Haller, auch Ulrich Hallers und der Forstmeisterin Sohn.

Steffan Haller, Leupolden Hallers und der Stromerin Sohn.

#### Von Volkamern.

Berthold Volkamer, Peter Volkamers und der Hallerin Sohn, hat das ander Kleinod, nemlich den Ring erstochen und erlangt.

Hanns Volkamer, Heinrichen Volkamers Sohn, gebohrn von der Schürstabin.

#### Von Tezeln.

Steffan Tezel, Jobst Tezels Sohn, gebohren von der Hallerin, der hat das dritte Kleinod, nemlich den Kranz erstochen und erlangt.

L                                                         Von

### Von Kohlern oder Forstmeistern.

Eckenbrecht Kohler. N. Kohlers und der Fuchsin Sohn.

### Von Grundherrn.

Michael Grundherr, Ulrichen Grundherrens und der Rü-zin Sohn.

### Von Schürstäben.

Hannß Schürstab, Leupold Schürstabs Sohn, gebohrn von der Forstmeisterin.

### Von Grossen.

Lamprecht Groß, Philipp Grossen Sohn, gebohrn von der Schürstabin.

### Von Luchern.

Herdegen Tucher, Hannßen Tuchers Sohn, gebohrn von der Falznerin.

### Von Stromern.

Endres Stromer, Georgen Stromers Sohn, gebohrn von der Eislingerin.

### Von Nüzeln.

Berthold Nüzel, Peter Nüzels und der Schopperin Sohn.

### Von Holzschuhern.

Carl Holzschuher, Carl Holzschuhers und der Pfinzingin Sohn.

### Von Pömern.

Sebald Pömer, Steffan Pömers Sohn, gebohrn von dern Behaimin.

### Von Dörrern.

Jörg Dörrer, Anthoni Dörrers Sohn, gebohrn von der Schnödin.

### Von Kressen.

Sebald Kreß, Conrad Kressens Sohn, gebohrn von der Hallerin.

Hiero-

Hieronymus Kreß, N. Kreſſens Sohn, gebohrn von der Waldſtromerin.

### Von Baumgärtnern.]

Conrad Baumgärtner, Conrad Baumgärtners Sohn, von der Ochſenfürterin gebohrn.

Sebald Baumgärtner, Conrad Baumgärtuers Sohn, gebohrn von der Kreßin.

### Von Rietern.

Peter Rieter, Hannßen Rieters und der Behaimin Sohn.

Hannß Rieter, Hannßen Rieters Sohn, gebohrn von der Harßdörfferin.

### Von Zollnern.

Peter Zollner, Gerhard Zollners Sohn, gebohrn von der Grundherrin.

### Von Rumeln.

Lorenz Rumel, Wilhelm Rumels Sohn, gebohrn von der alten Pfinzingin.

Wilhelm Rumel, auch Wilhelm Rumels Sohn, gebohrn von der Pfinzingin.

Herr Franz Rumel, Ritter, Hannßen ( oder ſoll ich ſagen ) Heinrichen Rumels Sohn, gebohrn von der Köpffin.

### Von Löffelholz.

Wilhelm Löffelholz, Hannßen Löffelholz Sohn, gebohrn von der Haldin, der Bräutigam war, wie obgemeldt.

### Von Hegnern.

Ullman Hegner, Ullman Hegners Sohn, gebohrn von der Elwangerin.

### Von Elwangern.

Sebald Elwanger, Sebalden Elwangers Sohn, gebohrn von der Pömerin.

Von

### Von Lochaim.

Hannß von Lochaim, Hannßen von Lochaims Sohn, gebohrn von der Graferin.

### Von Hirschvogeln.

Wilhelm Hirschvogel, Ulrichen Hirschvogels und der Köpffin Sohn.

### Von Starken.

N. Stark, N. Starken und der Trachin Sohn.

### Von Ullstätten.

Hannß Ullstatt, Hannßen Ullstatts Sohn, gebohrn von
der Kueblin.

### Von Herdegen.

Hannß Herdegen ist zu dieser Zeit mit etlichen Pferden am
Solde angenommen gewesen.

Wie im Jahr 1451 in der Stadt Nürnberg ein fast ehrlich
Gestech, ( so ein Gesellen-Gestech alten Gebrauch nach ge-
nennt,) durch Marggraffen Albrechten zu Brandenburg,
etliche gefürstete und andere Graffen, auch Freyherren, Ritter, von Adel, Adeliche und andere alte Erbare Geschlecht gehalten worden ist, und zu Nürnberg
hinter einem Erbarn Rath verzeichnet gefunden.

1451. Erstlich ist zu wissen, daß sich der Krieg und Widerwill, so eine
Zeitlang zwischen Marggraff Albrecht zu Brandenburg und gemeiner Stadt Nürnberg geschwebt, im 1450 Jahr sich geendet hat,
nemlich daß dazumal durch Kayserl. Majestät, und etliche Fürsten,
zwischen ihnen so viel gehandelt, dadurch derselben Zwietracht gericht
und hingelegt worden seyn, und darauf folgends im 1451 Jahr auch
der Hochgedacht Marggraff Albrecht einen Erbarn Rath der gemeldten Stadt Nürnberg ersucht und gebetten, daß sie Ihme und seinem
Hoff-

Hoffgesinde zu Gefallen ein Faßnacht, und ein Gesellen-Gestech bey ihnen halten, auch etliche aus und von den alten Erbarn adelichen Geschlechten in gemeiner ihrer Stadt Nürnberg wohnhaft und seßhaft, darzu in solch Gesellen-Gestech zu kommen, verordnen wollten. - So sollte nach aller Gleichmäßigkeit mit Pferden, Sä-cken, Tartschen und Spiessen von allem Theil dargelegt ohn alle Gefährlichkeit gegen einander gehandelt werden. Darauf Seine Fürstl-che Gnaden auch ein Kleinod 32. Gulden werth, mit samt ei-nen höfflichen Kranz durch sein Gemahl aufbieten, und auch Seiner Gnaden Frauenzimmer und Hof-Gesind mit Ihm bringen, und sich mit denselben in allen bescheidenlichen und nachtbaurlichen Wesen ge-zeigen und halten wollten. Deshalben auch S. F. G. ein Tag nemlich auf den Montag nach allermann Faßnacht zu solchem Ritter-Spiel angesezet hat. Auf welches dann Ein Erb. Rath zu Nürn-berg sich gegen den hochernannten Fürsten der Sachen unterthänige Willfahrung zu thun erbotten, dasselb laut Seiner Gnaden zuge-schrieben, auch dabey angezeigt und angebotten, daß die gemeldten Geschlecht in Nürnberg wohnhaft, S. F. G. zu Ehren ein Kleinod 20. Gulden werth, mit samt einem Kranz, zu solchem Ste-chen geben wollten. Demnach denn der hochermeldte Fürst Marg-graff Albrecht, samt seinem Frauenzimmer und Hoff-Gesinde, auf Sonntag allermann Faßnacht nach Essen zu Nürnberg ehrlich ein-geritten ist, und seynd folgends am gailen Montag, nach Essen, S. F. G. mit etlichen Fürsten und andern Graffen, Freyherrn, Rittern, und andern alten Erbarn Geschlechten, mit 24. Helmen wohl-geziert auf die Bahn kommen, und wer dieselben von allen Theilen gewesen seyn, und welche in solchem Gestech das Beste gethan, und die Dank erhalten haben, die werden mit Nahmen hernach angezeiget.

Albrecht, Marggraff zu Brandenburg.

Wilhelm, Graff und Herr zu Hennenberg.

Hanns, Graff und Herr zu Wertheim.

Hanns, Graff und Herr zu Castell.

Gottfried, Graff und Herr zu Hohenlohe.

Eberhard Schenk, Freyherr zu Erbach.

Friederich von Seckendorff, Ritter.

Erhard von Wallenfels, Ritter.

Lorenz

Lorenz von Wallenrode, Ritter.

Conrad von Ehenheim, Ritter der ältere.

Conrad von Lûchau.

Conrad Haller.

Hanns von Wisenthau.

Hanns Waldstromer.

Sebald Rieter.

Berthold Pfinzing.

Michael Grundherr.

Peter Schopper.

Anthoni Ebner.

Steffan Tezel.

Hannß Schürstab.

Sigmund Stromer.

Hannß Kreß.

Wilhelm Rumel.

Item dieweil der hochgemeldte Marggraff Albrecht, desgleichen die von Nürnberg zu solchen Gesellen-Stechen, wie vorangezeigt stehet, etlich Kleinod aufgeworffen, nemlich, welche derhalben in solchen Gesellen-Stechen das Beste thun würden, daß dieselben mit solchen Kleinodien, samt dem Dank, zum Tanz verehret und begabt werden sollten, wie dann hernach angezeigt wird, welcher das Beste gethan, welche die 4. Kleinod und Dank samt den Kranz erhalten, und also damit begabet und verehret wurden; wie denn nach solchen gehaltenen Gestech am gailen Montag zu Nachts auff dem Rath-Hauß zu Nürnberg ein herrlich und frölicher Tanz mit Frauen und Jungfrauen gehalten worden ist.

Erstlich hat man dem hochgemeldten Fürsten, Marggraffen Albrecht, als einem Fürsten, den Fürsten-Dank, und ein Tanz, und das beste Kleinod Herrn Friederichen von Seckendorff Ritter, Seiner Fürstlichen Gnaden Hoffmeister, der solches mit seinem Stechen, und viel ledigen Fällen erhalten, gegeben.

Den

Den andern Dank hat erhalten Cunrad Haller, der auch bey hochgedachten Fürsten, Marggraffen Albrechten am Hoff gewesen, welcher mit dem besten Kleinod samt einem Tanz verehret und begabet worden, wie er dann in solchen Stechen, sich redlich und tapfer gebraucht, auch viel lediger Fäll behalten, unter welchen er dann auch hochbemeldten Fürsten zu dreyenmalen herab gestochen, aber doch Seinen Fürstlichen Gnaden zu Ehren auch allwegen mit Willen seinen Sattel geräumet hat, und mit herabgefallen ist.

Den dritten Dank hat erhalten Graff Wilhelm von Hennenberg, der dann mit der dritten Gab oder Kleinod samt einem Tanz verehret und begabet worden ist.

Den 4ten Dank hat erhalten Graff Hanns von Wertheim, der dann mit der vierten Gab oder Kleinod, samt einem Tanz verehret und begabet worden ist.

Folgends an der rechten Faßnacht haben auch andere mehr Graffen, Herren und von Adel ein Gesellen-Gestech gehalten, derohalben sie dann das Frauenzimmer mit 2 Ringen und mit Cränzen verehret hat.

Und nach dem allen ist der hochgemeldte Fürst mit seinem Hoff-Gesinde, von solcher gehaltener Freud und Kurzweil mit Freuden und sondern Gnaden, anheimb geritten, und hat hinter S. F. G. verlassen, und sich erbotten, daß Seine Gnaden denjenigen, so sich in solchen gethanenen Gesellen-Stechen und Ritter-Spiel ihres besten Vermögens und mit allen Gehorsam erzeigt, auch Seiner Fürstl. Gnaden also damit gedienet haben, hinführo allen freundlichen und geneigten Willen, allwegen mit sondern Fleiß beweisen wolle.

### Scharffrennen.

Anno 1485. am Montag nach St. Dorothea-Tag rannte der Edel Fürst ℵ von Würtenberg, zu Nürnberg am Markt mit seiner Edlen einem, und der Diener wurde ledig abgerennt, doch raumete der Fürst auch den Sattel, behieng im Stegreiff, daß er nit fiel, da wurde ihm geholffen. 1485.

Nach

Nach solchem rennen, wollte der Edelman eine Kühnheit be-
gehen, vermeint mit dem Spieß das Stroh auf der Bahn aufzuhe-
ben, sezte aber zu tief ein, und stach in die Erde, daß ihn der
Spieß über sich aufhube, doch geschahe ihm nichts.

## Zween Edelmänner kämpfften allhie mit einander.

1485. Anno 1485. war zu Nüenberg Graff Eberhard von Würtenberg
der Junge, der hatte zween Edelmänner, N. Seckendorffer,
und N. Schewenstein, die forderten einander in das Feld zum
Kampf, welcher den andern hinschlüge, da stach der Schewenstein
den Seckendorffer mit einem Schwerd zu tod, hinter dem Gericht,
das nächst bey der Stadt lieget.

## Gesellen-Stechen ward allhie gehalten.

1495. Anno 1495. am Montag Trium Regum kame Marggraff Friederich samt seinem Gemahl und zween jüngere Fürsten seine
Söhne, auch die alte Marggräfin seine Mutter, und aller sein
Adel, auf die Faßnacht gen Nürnberg, und hielte Persöhnlich mit
seinem Adel und den jungen Bürgern der Adelichen und alten Erbarn Geschlechten ein Gesellen-Stechen. So waren damals in
Nürnberg Herr Dieterich von Harras, Ritter, Pfleger zu Lichte-
nau und sein Bruder, Martin Löffelholz, N. Herbart von Augspurg
und andere, daß 24. Helm auf der Bahn waren, der Marggraff
mit seinen Stechern zwölff, all in schwarz und weiß quattert, die
von Nürnberg auch mit 12. Helmen, in schwarz und gelb, und wurden alle Unkosten von einem Erbarn Rath zu Nürnberg bezahlt, denn
es war ein grosser Hoff allda.

Und auf der Bahn unten und oben wurden Sailer über zwerg
an hohen Stangen aufgehangen, und an den Sailern schwarz und
weiß, auch schwarz und gelbe Fezlein oder Pannierlein aufgehängt;
welcher in den Schranken hinter solche aufgespannte Sailer kam,
der war sicher, sobald aber einer davor rucket, rannten oft zween,
oft drey auf einen, doch es zergieng alles ehrlich und mit Freuden;
so geschah auch keinem Menschen kein Leid, dann allein ein Pferd
blieb auf der Bahn tod liegen.

Scharff-

### Scharffrennen.

Anno 1497. rannte Maximilianus der Römische König und
Kayser scharf zu Nürnberg, und viel andere Fürsten und
Herren.

Darnach kamen 24. von Adel in grün und strohen Helm und
Krucken, waren ausgefüllt mit Heu, zu Roß, doch vergürtet Sat-
teln, war lächerlich zu sehen.

### Scharffrennen.

Anno 1498. rannte Herzog Erich von Braunschweig mit einem
Edelmann, aber der Edelmann rannte ein nieder Pferdlein,
traff der Herzog den Edelmann unter der Prechscheiben, und ober
der Streifftartschen, daß der Spieß ihme durch den Schenkel
ausgienge, der wurde ins Thurnier=Hauß getragen, und in
wenigen Tagen geheilet, daß es ihme keinen Schaden mehr
brachte.

Auch in solchem Jahr war ein Gestech und Rennen in
Nürnberg, Seyfried Holzschuher in einem Stech=Zeuche, und
Steffan Baumgärtner in einem Renn=Zeuche, thäten etlich gut
Treffen, waren verglichen, daß der in Stech=Zeuch führet einen
Renn=Spieß, und der in Renn=Zeuch ein Krönlein, zogen aus
ins Holzschuhers Behaußung, zu nächst an Sanct Lorenzer
Kirch=Hoff.

### Gesellen=Stechen.

Anno 1503. stachen Hanns Thumer und N. Hemerlein von
Augspurg, und war Hanns Thumers erstes Stechen, in
Seiden wohl gebuzt, hat vier Narren und vier Weiber in sein
Farb gekleidet, auch Rüst=Meister und Stangen=Führer, alle
in sein Farb in Seiden gekleidet.

In diesen 1503. Jahr am Mittwoch nach Lichtmeß thaten
die jungen Bürger zu Nürnberg ein Gesellen=Stechen, da wurde den jungen Leonhard von Ploben ein Pferd zu tod gestossen,
und der Hanns Thumer fiel ein Schulter=Bein aus.

M

Scharff=

## Scharffrennen.

**1509.** Anno 1509. rannten scharff Christoph Führer, und Christoph Kreß, zu Nürnberg auf dem Markt, waren beede aufs zierlichst, wie Scharffrenner wohlgebuzt, traffen wohl, und raumten beede Sättel. Es geschah dieses Rennen Hannsen Thumer zuwider, denn Christoph Kreß hefftig wider ihn war.

## Scharffrennen.

**1515.** Anno 1515. rannten scharff Thomas Löffelholz mit seinen Vettern Christoph Kressen sehr wohl gebuzt, traffen wohl, räumet Thomas Löffelholz seinen Sattel schnell, als das Christoph Kreß vernahm, ließ er sich gemach von Sattel zur Erden.

Im benannten Jahr rannte Friederich von Helm ein alter hinkender Edelmann unter den Pund in Nürnberg. Philipps von Helm ein Edler.

## Gesellen - Stechen ward gehalten.

In diesem Jahr hielten die Burger zu Nürnberg ein Gesellen-Stechen auf den 7 Februarii, an welchen Herr Martin Pfinzing mit Jungfrau Anna, Doctor Johann Löffelholz und Frauen Catharina Dietnerin Tochter Hochzeit hielt, und waren in solchen Stechen der Bräutigam und sein Bruder Seyfried Pfinzing.

## Scharffrennen.

**1518.** Anno 1518. rannten in Nürnberg scharff Wolff Link von Schwabach und Bruno Engel, aber Wolff Link machte einen ledigen Fall, und räumte Bruno Engel den Sattel.

Mehr stachen mit Krönlein in Nürnberg Wolff Stromer, von Lorenz Strauber aufgemahnt, aber Wolff Stromer hatte viel lediger Fäll und wurde nie Sattelräumig, damit wurde es aufgehoben.

## Scharffrennen war allhie auf dem Rath-Haus gehalten.

**1522.** Anno 1522. am Mittwoch vor Faßnacht den 26. Febr. wurde ein Tanz auf dem Rath-Hauß zu Nürnberg gehalten, dabey waren

ren viel Fürſten und Herren, und ſchier mitten unter dem Tanz,
kamen in einer Mummerey, etliche verbuzte mit Pfeiffen und
Trummeln, und mit groſſen Geleuchte hölzerner Fockeln und Stab-
licht, gleich einen welſchen Tanz. Als aber der ſich bald geendet,
wurde die Läng des Tanz-Hauſes vom Gericht bis an den andern
Ort, an die Staffeln bey den Braut-Stuhl, groſſe weiße rauhe
Pferd Kozen zuſammengenehet und überhingewelzet aufgebreitet,
und damit ſolcher Saal überleget gleich einer Bahn oder Streu.
Es waren auch unten an den Stiegen hölzerne Walzbrucken auf-
gelegt, darauf dann zwey verdeckte, ſchön erbuzte und wohlzuge-
richtete Renn-Pferd hinaufgeführet wurden, darauf zwey Renner,
angethan in Renn-Zeuge, unter der Thür darauf geſezt, und auf
zuvor aufgebreitete weiſe Kozen einer gegen den andern zu rennen be-
gunnten. Als nun alle Sach zugericht, der Saal mit den Fackeln
durchleuchtet, und jezt die Renntartſchen vorgeſchraubt, wurde, jeglichen ein ſcharffer Spieß eingelegt, mit zuſammenlaufenden Pferden ein Scharffrennen, da ſie beede die Sättel räumeten, da wurde
von den Fürſten-Pfeiſſern und andern aufgeblaſen, wurde ihnen
beeden einen um den andern ein verehrter Tanz gegeben, und waren
mit Nahmen dieſe zwey Renner N. Leonhard Roder von Adel, und
Hannß Thumer ein Burger in Nürnberg, welcher baß denn den
Edelmann getroffen hat, da zu Stund brachte man beede Renntartſchen hinauf vor die Fürſten, da beſahe Pfalzgraff Friederich, daß
der Edelmann nicht getroffen hätte. Es fiele auch der Edelmann
ſchneller denn der Thumer, war die Rede, Thumer wär wohl blieben, aber dem Edelmann zu Gefallen; damit zergienge es, und jedermann hatte einen Wohlgefallen darob.

### Scharfrennen.

Anno 1522. auf Erichtag den andern Martii nach dem weißen
Sonntag hat Herzog Ott-Heinrich, mit Graffen Adam von
Brüchling Cammer-Richtern, dazumalen hie in Nürnberg ſein
erſtes Scharfrennen gethan, und den Graffen, der doch lang und
viel ſolche Ritterſpiel geübt, ledig abgerannt; Pfalzgraff Friederich Stadthalter führet ihme den Spieß, und Herzog Jörg von
Sachſen führte ihm den Schild, und waren auf der Bahn ſeine Vettern,
der Biſchoff von Regenſpurg, und Herzog Wolffgang, ſamt andern Rittern und Herren. Des Fürſten Spieß war ganz mit Fe-

1522.

dern

dern bedeckt, und ehe sie auf die Bahn kommen, beritte des Fürsten Pferd zum rennen gehörig, sein Stallmeister in einer rothen seidenen Deck, der aber darnach viel köstlicher kam.

So war der Fürst, der scharff rannte, mit Federn und andern Bezierungen aufs schönste gebuzt, seine Farb in der Deck war zusammen geschacht roth gulden und silber.

Und des Graffen Deck aschenfarb, alles von Seiden, mit einem versilberten Zaum und Flammen.

### Gesellen-Stechen.

**1522.** Anno 1522. wurde ein Gesellen-Stechen in Nürnberg gehalten von Pfalzgrafen Friederichen Stadt-Haltern dazumal, seinem Hoffgesinde und Edeln, auf einem, und viel von den adelichen Erbarn Burgern der alten Geschlecht in Nürnberg andern Theils, deren 16. waren: Fiengen an um 7. Uhr, und stachen bis um 11. auf der grossen Uhr, und Wolff von Mühlheim, Pfalzgraffischer Marschalk, behielt den Dank.

### Gesellen-Stechen.

**1528.** Anno 1528. den 25. Febr. ist in Nürnberg ein Gesellen-Stechen gehalten worden, und nach vollbrachten Nachtmahl den Stechern zu Ehren ein Tanz auf dem Rath-Hauß; und seynd diese hernach benannte Stecher in solchem Tanz, und der Dank ausgeben, wie folget:

Sebastian Welser gewann den Dank mit Gewalt, dann er nicht Sattelräumig war.

Sebald Geuder.    Steffan Behaim.
Wilhelm Löffelholz.  Christoph Groland.
Pancraz Zollner.   Bartholmä Schenk von München.

### Gesellen-Stechen.

**1532.** Anno 1532. den 11. Febr. ist in Nürnberg ein Gesellen-Stechen gewesen und gehalten worden, und darnach auf der Herren Trink-

Trink-Stuben ein grosses Nachtmahl von Herren, Frauen und Jungfrauen 26. Tisch auf 336. Personen, und darnach ein schöner Tanz gehalten worden. Da seyn die Dank denen Stechern, was Preiß erhalten, verehret wie folgt:

Die Stecher
{
Anthonius Rieter. ♦ ♦ 5.
Jobst Haller. ♦ ♦ ♦ 4.
Joachim Im Hoff. ♦ ♦ 4.
Christoph Stromer. ♦ 3.
Pancraz Zollner. ♦ ♦ 2.
Sebald Geuder. ♦ ♦ 1.
} ledige Fäll.

Hernach sind verzeichnete Persohnen mit Nahmen
in solcher Mahlzeit zu Tisch gesessen
wie folget:

Herr Hannß von Oberniz, Schultheiß.
Herr Thilmann von Bremen, Ritter.
Herr Georg Truckseß, Spittelmeister.
Herr Georg von Gichthauß, Commether.
Herr Christoph Tezel, Losunger.
Herr Christoph Kreß.
Herr Hanns Ebner.
Junker Hannß Rotsch, Schultheißen Eidam.

Doctor Christoph Scheurl.
Doctor Johannes Schüz.
Doctor Johannes Hebstein.
Doctor Johannes Baldermann.
Doctor Anthoni Schedel.
Doctor Christoph Gugel.
Doctor Johann Kael.
Doctor Valentin Közler.

M 3                    Hanns

Hanns Zeunlein.

Hanns Lochner.

Hanns Schlüßelberger.

Caspar Gannßer.

Sebald Stauber.

Hanns Seyfried.

Marquart Rosenberger.

Hanns Pfann.

Heinrich Hager.

Gabriel Hayn.

Egidi Oertel.

Florentinus Oertel.

Endres Oertel.

Niclaus Kolb.

Bartholmä Flück.

Hanns Koberger, Senior.

Jörg Winkler, Senior.

Martin Seldner.

Heinrich Meichsner.

Niclaus Nützel.

Jörg Hoffmann.

Sebastian Hanold.

Hanns Lochner.

Franz Rothmundt.

Castel Fugger.

Paulus Krafft.

Jörg Wolkhamer.

Jörg Geuder.

Paulus Dhürr.

Wolff Seldner.

Endres Kyrmair.

Hanns Pfanmus.

Niclaus Wolkenstein.

Erasmus Reichel.

Jacob Singer.

Augustin Forenberger.

Christoph Singer.

Anthoni Höchstetter.

Ludwig Holzschuher.

Endres Wohlgemuth.

Jörg Közler, der Aeltere.

Bartholmä Schwab.

Peter Graiz.

Barthol Lorenz Schwab.

Paulus Grundherr.

Hieronymus Baumgärtner.

Hanns Pömer.

N. Ein Edelmann.

Sebastian Welser.

Hanns Hübner.

Hanns Rieter.

Sebald Rieter.

Ulrich Wolkenstein.

Jobst Tezel.

Hanns Pürckel, der Jüngere.

Jörg Weiß.

Endres Steffan.

Peter Harsdörffer.

Hieronymus Reichel.

Sebald Pfinzing, Iunior.

Ulrich Marb.

N. ein Fremder.

Franz Straub.

Hanns Ulstatt.

Jörg

Jörg Holzschuher, Iunior.
Wolff Pürckel.
Hanns Schelinger.
Thomas Reichel.
Paulus Hegner.
Joachim Gundelfinger.
Martin Bschorn.
Jörg Römer.
Seyfried Pfinzing.
Wolff Stromer.
Joachim Haller.
Laßla Dörrer.
Martin Pfinzing.
Herr Sixt Oelhafen.
Christoph Stauff.
Christoph Plod.
Marx Im Hoff.
Erasmus Schürstab.
Sebastian Melber.
Bartholmä Held.
Dominicus Hermann von Wimpfen.
Steffan Baumgärtner.
Endres Flüeckh.
Jörg Thumb.
Lorenz Agauer.
Daniel Schilling.
Sebald Peßler.
Christoph von Ploben.
Steffan Heiß oder Heuß.
Counz Weber.
Leonhard Thoman.

Livius Haller.
Hanns Münsterer.
Martin Löffelholz.
Hieronymus Tucher.
Jörg Schlaudersbacher.
Jörg Közel, Iunior.
Barnabas Pömer.
Anthoni Zollner.
Matthes Braunskorn.
Werner Nützel.
Hanns Stauber.
Melchior Litthold.
Christoph Führer.
Friederich Behaim.
Clement Volkhamer.
Endres Im Hoff.
Hanns Tucher.
Bernhard Baumgärtner.
Caspar Nützel, Iunior.
Pancraz Zollner.
Sebald Geiger.
Christoph Stromer.
Joachim Im Hoff.
Jobst Haller, Iunior.
Christoph Schürstab.
Anthoni Rieter.
Sebald Geuder.
Anthoni Hornung.
Hannß Mütner Harnisch.
Conrad Panzer.
Martin Franz.
Leonhard Hirschvogel.

Seba-

Sebaſtian Schedel.
Ulrich Stark.
Hieronymus Holzſchuher.
Carl Oertel.
Chriſtoph Dörrer.
Lorenz Tucher.
Joachim Weyermann.
Hanns von Ploben.
Franz Schleicher.
Jörg Dietherr.
Sebald Stauber, Iunior.

Niclaus von Lochaim.
Jörg Lerchenfelder.
Wolff Tucher,
Bruno Engel.
Hieronymus von Wath.
Hanns Wolff.
Jobſt Haller, Senior.
Michel Erkel.
Michel Schweicker.
Heinrich Holzſchuher.
Franz Scheiſelein.

Das ſeynd die Herren mit Nahmen angezeigt, die zu Tiſch geſeſſen, nun ſind auch Frauen und Jungfrauen da geweſen, daß ihr aller in der untern groſſen Stuben ſeynd 26 Tiſch geſeſſen, und in der obern Stuben vier Tiſch, darunter eines Erbarn Raths Stadt-Pfeiffer und Trummelſchlager, und der Hegellein an die Nachdruckſeß, und ſind aller der, ſo bezahlt haben, und zu Tiſch geſeſſen:

Männer 170. Frauen 121. Jungfrauen 45.

Daß alſo aller Perſohnen, die auf einmal in der untern Stuben, an den 16. Tiſchen geſeſſen, ſeyn geweſt 336. Perſohn.

### Geſellen-Stechen.

1538. **A**nno 1538. auf Mittwochen den 6. Febr. iſt in Nürnberg ein Ge-ſellen-Stechen von den Adelichen, Erbarn, und den alten Ge-ſchlecht gehalten worden, und nach verbrachten Nachtmahl ein Tanz auf dem Rath-Hauß gehalten, und ſind die Dank nach einander mit ſchönen Kränzen und guldenen Schnüren, nach eines jeden Preiß verehret worden, und wie ſolches Geſtech, wie viel Treffen, ledig, voll und Fäll ein jeder gehabt, wird hernach alles mit Fleiß beſchrie-ben eröffnet. An Barnabas Pömers Hochzeit-Tanz, gab die Braut jeglichem Stecher einen Kranz mit einer goldnen Schnur, dem Be-ſten einen Ring daran,

Ord-

## Ordnung, wie die Stecher nach gefallenen Loos auf die Bahn geritten sind.

1. Matthes Ebner. 2. Joachim Pömer. 3. Hanns Stark. 4. Moriz Pucher. 5. Gabriel Nützel. 6. Wolff von Thill. 7. Christoph Führer. 8. Sigmund Pfinzing.

### Wie viel Ritt, Treffen und lediger Fäll ein jeder vollbracht hat, folget hernach:

1. Matthes Ebner, von Joachim Pömern gefällt.

2. Hanns Stark, Morizen Pucher ledig abgerannt.

3. Gabriel Nützel traff Wolff von Thill, blieben beede.

4. Sigmund Pfinzing fiel sein Gaul. Christoph Führer.

5. Wolff von Thill und Joachim Pömer gefällt.

6. Wolff von Thill und Joachim Pömer gefällt.

7. Hanns Stark und Gabriel Nützel Sattelraumig, Nützel eher.

8. Hanns Stark und Wolff von Thill hätt einen ledigen Fall.

9. Moriz Pucher und Gabriel Nützel beede gefällt.

10. Sigmund Pfinzing einen ledigen Fall gegen Joachim Pömern.

11. Christoph Führer, einen ledigen Fall gegen Sigmund Pfinzing.

12. Moriz Führer, und Gabriel Nützel raumten beede Sättel.

13. Joachim Pömer ein ledigen Fall gegen Christoph Führer.

14. Pfinzing den Nützel gefällt.

15. Der Nützel den Pfinzing gefällt.

16. Der Führer den Pömer gefällt.

17. Ebner und Stark beede gefallen, doch Ebner eher.

18. Stark und Pömer, beede gefallen.

19. Pömer und Pucher wohl troffen beede besessen.

20. Stark

20. Stark und Führer wohl troffen, beede gefallen.

21. Ebner und Pömer kame aus dem Sattel, fiel aber nit.

22. Nüzel und Pfinzing beede gefält.

23. von Thill, 1 ledigen Fall gegen Ebnern.

24. Stark fält, Nüzel traff, rannt sich an ihme ab.

25. Ebner sprang aus dem Sattel, daß er aufrecht auf der Bahn stund, Pömer fiel.

26. Nüzel und Pfinzing beede gefallen, doch Pfinzing am ersten.

27. Von Thill und Führer gefält.

28. Führer fält Ebner, er besaß wohl.

29. Pucher und Stark der fiel.

30. Ebner einen ledigen Fall gegen Pfinzing.

31. Von Thill und Nüzel gefält.

32. Stark ein ledigen Fall gegen Ebner.

33. Stark und Pömer gefehlt.

35. Stark, Führer, Nüzel gefehlt.

36. Pömer ledigen Fall gegen Nüzel.

37. Pömer und Führer gefehlt.

38. Stark ein ledigen Fall gegen Pömern.

39. Nüzel und Pucher wohl troffen, und beede besessen.

40. Nüzel und Führer beede gefallen.

41. Pucher und Pfinzing gefält.

42. Pucher ein ledigen Fall gegen Nüzel.

43. Führer und Pömer gefält.

44. Ebner und Pucher gefält.

45. Von Thill und Nüzel gefält.

46. Pucher ein ledigen Fall gegen Nüzel.

47. Von

47. Von Thill ein ledigen Fall gegen Pfinzing.

48. Von Thill und Pucher gefällt.

49. Führer und Pucher gefällt.

50. Von Thill und Nützel troffen und besessen.

51. Pömer und Pucher troffen und besessen.

52. Von Thill und Führer gefällt.

53. Stark fällt den Nützel.

54. Pömer und Pucher troffen und besessen.

55. Stark von Thill traffen und besassen.

56. Pömer und Pfinzing traffen und besassen.

57. Von Thill rannte den Führer ledig ab.

58. Pömer und Nützel beede gefallen, hart troffen.

59. Pömer und Nützel beede gefallen, hart troffen.

60. Stark und Pfinzing ledig gefällt.

61. Nützel und Pömer 2mal gefehlt.

62. Führer und Ebner gefällt.

63. Ebner und Pömer gefehlet.

64. Von Thill und Pömer gefehlt.

65. Führer und Pucher gefehlt.

66. Nützel fällt den Pfinzing ledig.

67. Von Thill und Pucher 2mal gefehlet.

68. Pfinzing und Nützel gefehlt.

69. Pucher fällt den Pfinzing ledig.

70. Von Thill und Pömer gefehlet.

71. Pömer und Nützel beede gefallen.

72. Thill und Pfinzing gefehlt.

Sonst seyn 2. oder 3. Roß-Fäll geschehen, ehe dann sie traffen; sind hieher nicht angezeiget.

Auf

Auf angezeigten Tag, nach gehaltenen Abendmahl, wurde der
Tanz auf dem Rath-Hauß gehalten, und der Dank nach ange-
schriebenen Fällen, Ritten und Treffen ausgegeben.

Stecher.
{
Hanns Stark den ersten.
Sigmund Pfinzing den andern.
Wolff von Thill den dritten.
Moriz Pucher den vierten.
Joachim Pömer den fünften.
Christoph Führer den sechsten.
Gabriel Nützel den siebenten.
Matthes Ebner den achten.
}
Dänk.

### Gesellen-Stechen.

1539.

Anno 1539. zu wissen, daß nach alter löblicher Gewohnheit die
Burger von Adelichen, Erbarn und alten Geschlechten in Nürnberg, etwan in Jahr, doch gewöhnlich zu Faßnacht-Zeiten uff dem
Rath-Hauß, einen ehrlichen Gesellen-Tanz gehalten, und je einer
auf das künfftig Jahr in seiner Freundschafft oder welche ihm gefallen, einen damit auf offenen Rath-Hauß vor einem Erbarn
Rath, allen Erbarn, auch Frauen und Jungfrauen verehret.

Solchen Gesellen-Tanz hat Hanns Stark, als ein Erbar
junger Burger, gehalten in angezeigten Jahr den 11. Febr. Daß
solcher Gesellen-Tanz so viel mehr zierlicher und löblicher gehalten,
hat er zu ihme erbetten etliche junge erbare Burger, zu einem freyen
Gesellen-Stechen, und darzu aufgeworfen, einen guldenen Ring,
und jeglichen Stecher einen schönen Kranz mit einer guldnen
Schnur, und seynd diese Stecher mit Namen gewesen folgende.
Es seyn auch die Dänk auf dem Rath-Hauß vor männiglich ausgegeben worden.

Namen der
Stecher.
{
Sigmund Pfinzing der erste.
Joachim Tezel der andere
Hanns Stark der dritte.
Hanns Stromer der vierte.
Wolff Cämmerer der fünfte.
Reinhard Rech der sechste.
}
Dänk.

Der

## Der Stecher Treffen, Ritt und ledige Fäll.

Sigmund Pfinzing, hat unter 24. Ritten lediger Fäll gemacht 8. ist 5. mal gefallen, etlich mal gefehlt.

Joachim Tezel, hat unter 24. Ritten lediger Fäll gemacht. 6. ist auch 5mal gefallen, und etlichmal gefehlet.

Hanns Stark, ist zeitlich an seinem Zeuge schadhaft worden, hat doch in reiten 3. ledige Fäll, dreymal gefallen und nit viel gefehlet.

Hanns Stromer, hat unter 20. Ritten einen ledigen Fall und 6mal gefallen, auch etlichmal gefehlet.

Wolff Cämmerer hat unter 13. Ritten einen ledigen Fall, und ist 3mal gefallen, auch etlichmal gefehlet.

Reinhard Rech hat unter 16. Ritten keinen ledigen Fall, aber 5mal gefallen und etlichmal gefehlt.

### Gesellen-Stechen.

Anno 1546. am Montag den 3 Martii ist in Nürnberg von den Erbarn jungen Gesellen auf offenen Markt ein Gesellen-Stechen mit Krönlein, und nach vollbrachten Nachtmahl auf dem Rath-Hauß ein schöner Tanz gehalten worden, traffen 64 Ritt. Es wurde in solchen Gestech einer der Stecher, Wilhelm Schüsselfelder benannt, also beschädigt, daß er krank von der Bahn getragen, und dieselbe Nacht mit Tod abgieng, wiewohl er zuvor viel lediger Fäll gemacht hatte, und seyn diese mit Namen aus dem Loos auf die Bahn geritten: 1546.

| Zur Rechten, | zur Linken Hand. |
|---|---|
| 1. Wolff Münzer. | 2. Albrecht Scheurl. |
| 3. Jörg Közel. | 4. Wilhelm Schlüsselfelder. |

5. Paulus

5. Paulus Behaim.     6. Balthasar Baumgärtner.
7. Wolff Endres Link.     8. Sigmund Führer.
9. Gramlieb Waldstromer.     10. Hieronymus ImHoff.

### Der Dank ist ausgegeben worden.

Dänk.
1. Wolff Endres Link.
2. Gramlieb Waldstromer.
3. Hieronymus ImHoff.
4. Balthasar Baumgärtner.
5. Paulus Behaim.
6. Sigmund Führer.
7. Wilhelm Schlüsselfelder.
8. Albrecht Scheurl.
9. Georg Közel.
10. Wolff Münzer.

Stecher.

### Was vor Farben ein jeglicher Stecher in seiner Deck gehabt hat.

Wolff Münzer hat in seiner Deck die Leibfarb, silberne Lilien und Rosen mit Gewächs gehabt.

Albrecht Scheurl, Leibfarb mit silbernen Türkischen Zügen durchaus.

Jörg Közel, durchaus gestreimet leibfarb, grün und weislicht gemahlt.

Wilhelm Schlüsselfelder, durchaus mit silbern Gewächs, auf seinen Helm führt er eine Badmagd mit einem Schäfflein und weiß seidenen fliegenden Hemd.

Paulus Behaim, halb blau und halb goldgelb.

Balthasar Baumgärtner, halb schwarz die eine Seite, weiß, gelb, und Aschenfarb die andere Seite.

Wolff

Wolff Endres Link halb weiß, blau, leibfarb und gelb die andere Seite.

Sigmund Führer schwarz mit einem silbernen Zaum, und Agerlaster darein gemahlt.

Gramlieb Waldstromer, blau mit silbernen burgundischen Creuzen und Feuereisen.

Hieronymus Im Hoff, weiß mit einem blauen Gewülken.

Als der Dank beym Tanz aufm Rathhauß ausgegeben wurde, ist Herrn Jacob Muffel ein Kranz und der siebente Dank an seines Herrn Vettern statt Wilhelm Schlüsselfelders gegeben worden.

### Gesellen - Stechen uff Montag d. 3. *Martii Anno* 1561. in Nürnberg gehalten.

Moriz Führers Farb durchaus schwarz mit silbernen Flammen, und ein silbern Zaum, auf den Helm einen Schwan, hatte 25. Ritt, 3. lediger Fäll, den ersten Dank aus Ursachen daß man geachtet er hätte 4. lediger Fäll, (da aber der vierte vor keinen Fall von etlichen geachtet) und er es auch sonst am längsten mit den Treffen unter den vieren beharret haben soll.

Wilhelm Trainers Farb, leibfarb mit silbernen Flederwischen, unten ein silbernen Zaum herum, uff den Helm einen Wolff, hatte 25. Ritt, 4. lediger Fäll, und den andern Dank.

Christoph Scheurls Farb, durchaus weis, blau und roth geweckelt, in rothen eitel Stern, auf dem Helm eine Fortuna, hatte 17. Ritt, 4. lediger Fäll, und den dritten Dank.

Philipp Lux von Augspurg Farb, gelb und schwarz nach der Läng, auf den Helm eine Tauben, hatte 12. Ritt, einen ledigen Fall (wiewohl ihm etliche noch einen unrechten Fall zugerechnet). Den vierten Dank.

Matthes Löffelholz Farb, war eine Seite rosinfarb, aschenfarb, gelb geweckelt, die andere gelb mit blauen Gewächs, auf dem Helm ein

ein Lamm, hatte 12. Ritt, darunter einen ledigen Fall, bekam den 5ten Dank und einen harten Tritt vom Roß an einen Schenkel.

Endres Schmidmayer an einer Seite roth mit gelben Rosen, an der andern gelb mit rothen Rosen, auf dem Helm eine Rosen, dem ward eine Achsel verruckt, hatte 8. Ritt, keinen ledigen Fall, den sechsten Dank.

Balthasar Gugels Farb, gar blau mit gelben Lilien, hatte 11. Ritt, keinen ledigen Fall, den siebenten und lezten Dank; diesem war anfangs in dritten Treffen das Pferd erstossen, von der Bahn geschleift, starb des andern Tags.

Philipp Geuders Farb, blau mit silbernen Sternen, auf dem Helm einen Stern, hatte einen Ritt, keinen ledigen Fall, den achten Dank, ward vom Pferd, als es kollerte, und ihn abwurf, an die Seite gestossen oder getretten, muste von der Bahn, auch hat das bemeldte Roß einen Schneider in der Laufer-Gassen wohnend hart getretten und verwundet.

Darnach des Nachts hatten sie ihren Gesellen-Tanz, auf dem Rath-Hauß und wurde Moriz Führer mit einem Vortanz und Kranz verehret.

Tab. I

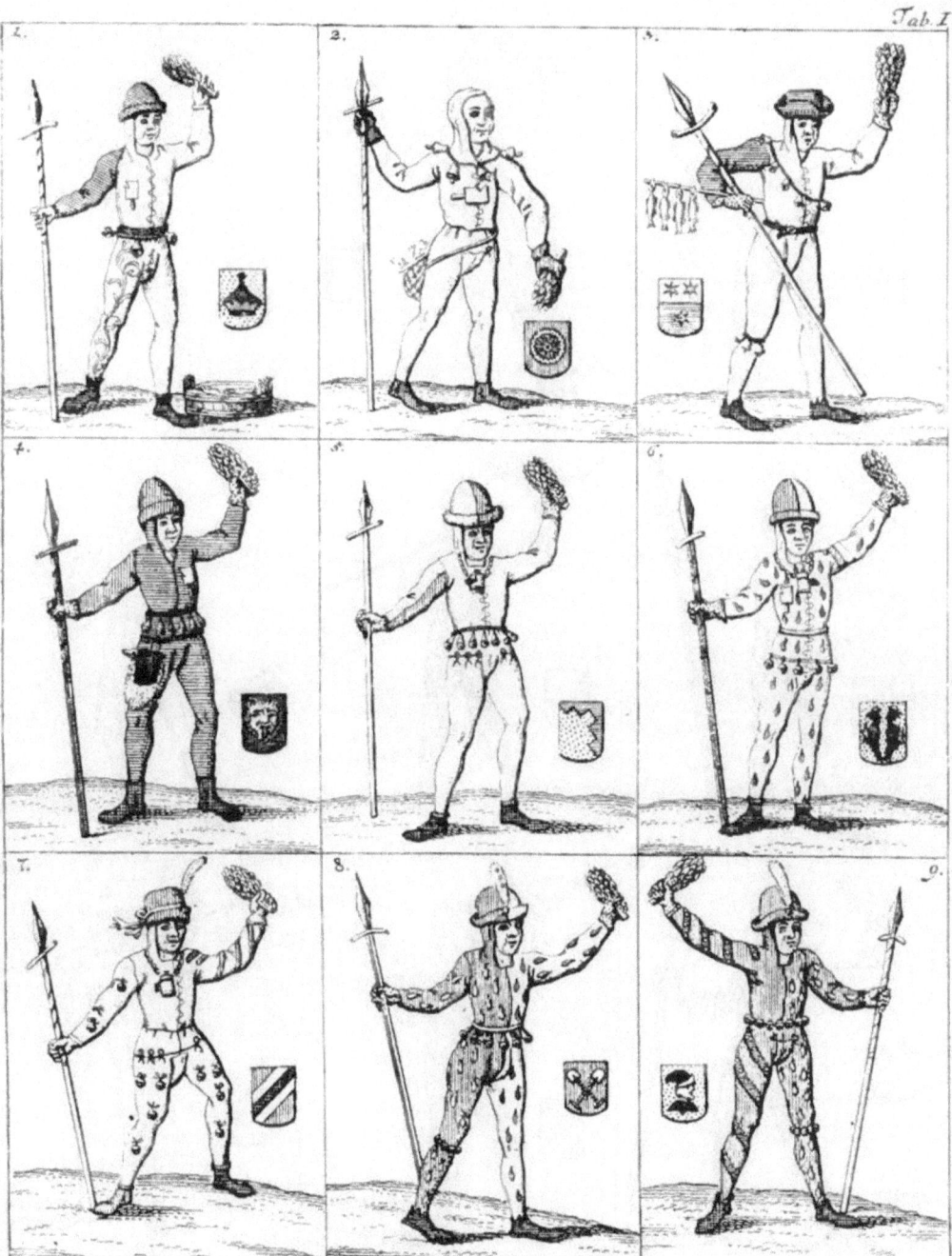

Tab. II.

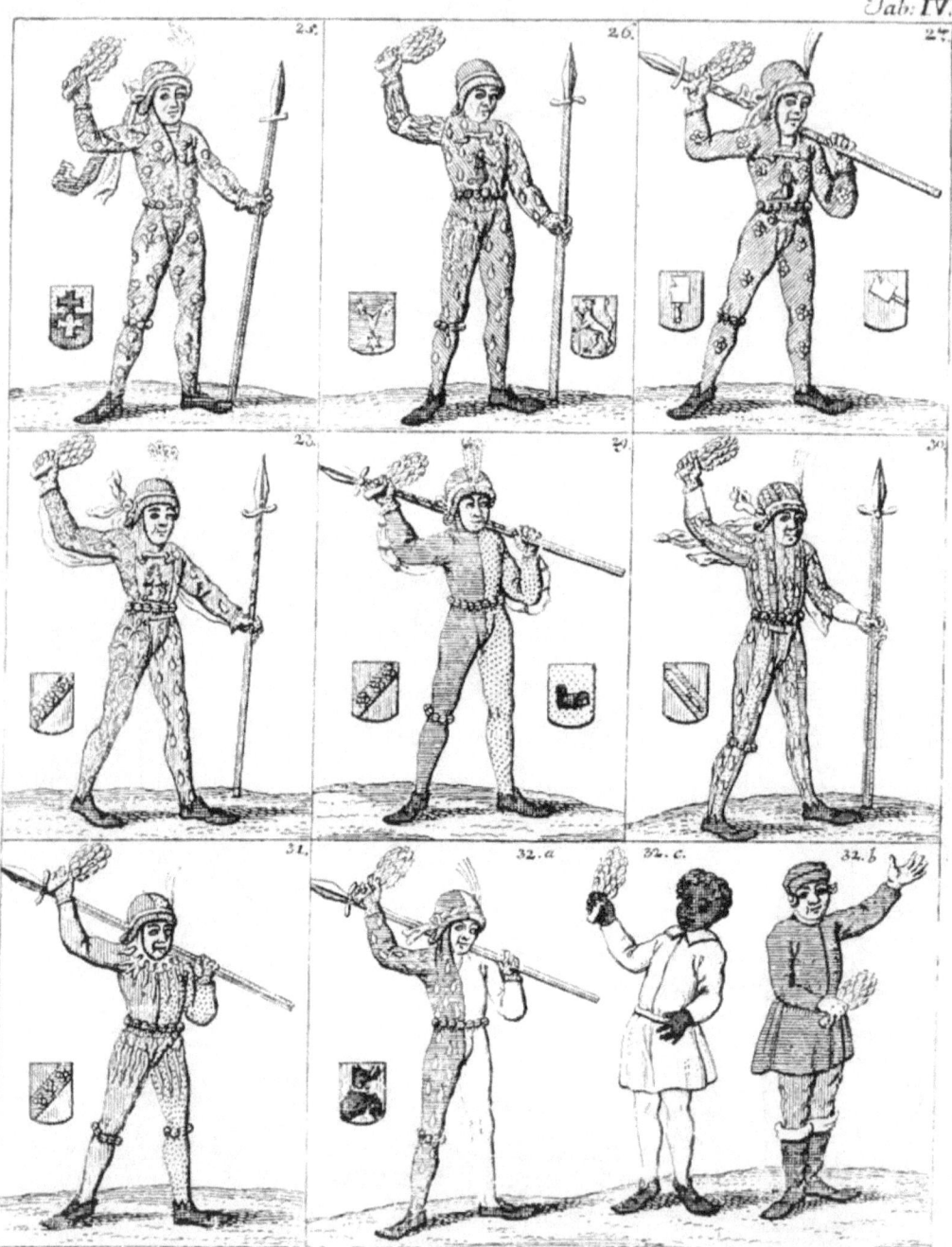

Tab. V.

Tab. VI

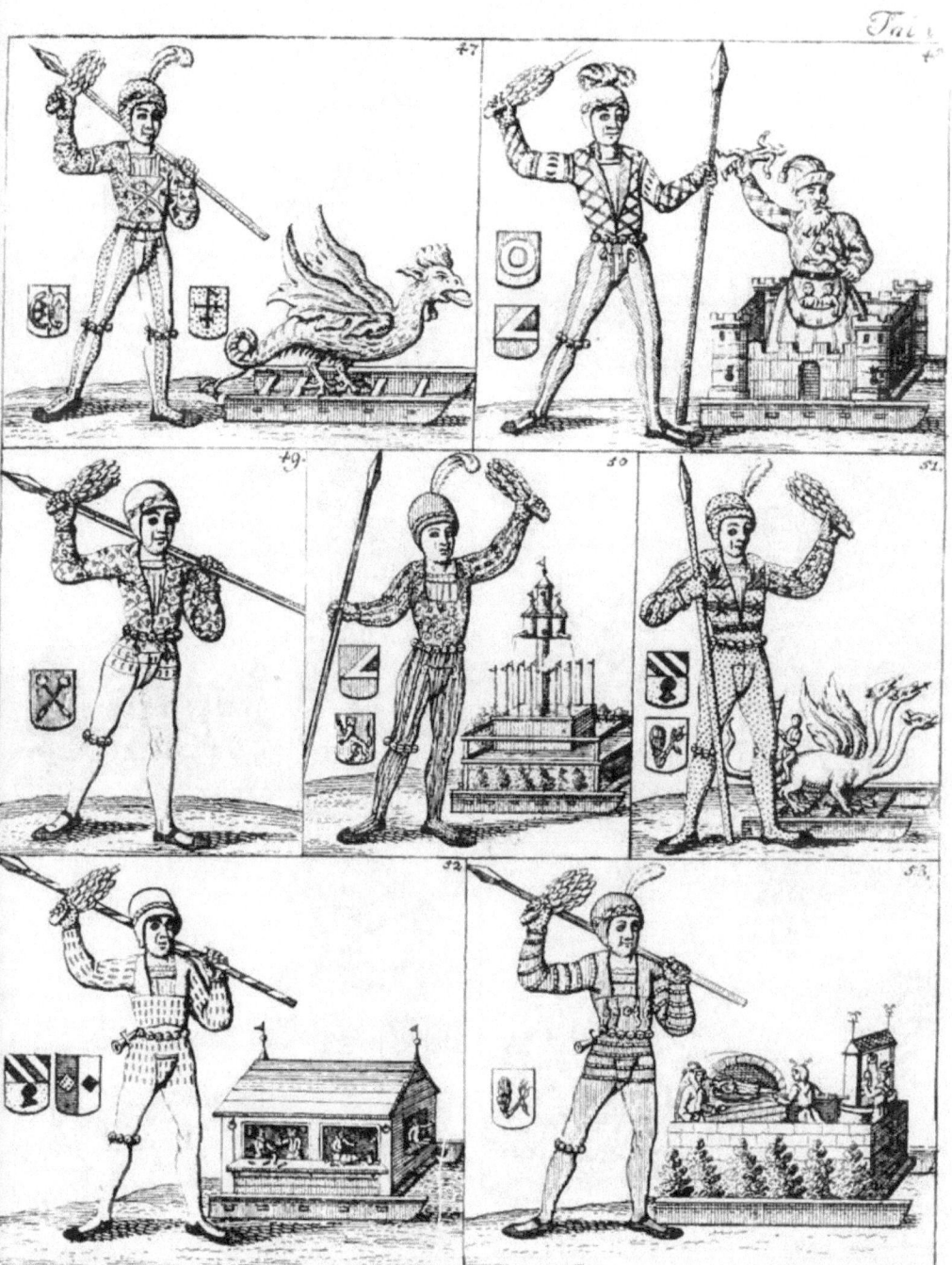

Tab. VIII.

Tab XI.

Zeitfracht Medien GmbH
Ferdinand-Jühlke-Straße 7
99095 Erfurt, Deutschland
produktsicherheit@kolibri360.de